모건의 가족 인류학

차례
C o n t e n t s

03들어가며 06인류학에의 입문 17『인류가족의 혈연과 인척 관계의 체계』의 집필 33『인류가족의 혈연과 인척 관계의 체계』의 수정 49인류학계의 반응 54『고대사회』의 완성 63유물사관에 응용 70후대의 친족 연구에 미친 영향 88맺음말

들어가며

1968년, 폭스Robin Fox는 예술에서 여인의 나신裸身이 갖는 의미와 위상을 인류학의 친족(kinship) 부문에 부여한 바 있다. 이는 친족이 인류학에서 차지하는 비중이 그만큼 컸음을 뜻한다. 실제로 친족 분야는 인류학에서 종교와 함께 양대 산맥을 구성했다. 특히 1860년대 서구 사회에서 인류학 연구를 시작한 이래로 수많은 인류학자들은 이른바 '원시'부족들에서 나타나는 친족의 다양성과 기본 원리를 규명하기 위해 엄청난 노력을 기울였다. 그런데 모호한 관념들로 가득한 종교가 처음부터 접근하기 어려웠던 반면, 친족은 기본적으로 혈연과 혼인 관계로 구성된 까닭에 접근하기 쉬웠고, 또 비교 분석할 수 있는 구조를 갖고 있었다. 수많은 인류학자들이 노력한 결과, 친족 분야에서는 매우 다양한 분석 개념과 이론이 개발되었고, 어떤 이론은 전문가가 아니면 알 수 없을 정도로 복잡하다. 그렇지만 아직도 인류 사회에 나타난 친족의 다양성을 설명하기는 결코 쉽지 않다. 오히려 친족 연구사를 되돌아볼 때, 인류학자들은 대체로 친족의 다양성을 일관된 이론으로 설명하는 데 실패한 듯하다.

이 책에서는 지난 백여 년 간 수많은 인류학자들의 학문적 노력을 그처럼 소진케 한 친족 연구에 초석을 마련하고, 또한 친족 연구를 창조한 루이스 헨리 모건Lewis Henry Morgan의 업적을 살펴보려고 한다. 여기서 특히 그의 업적을 다시 살펴보고자 하는 까닭은 그를 통해서 당시 서구 지성인들이 문화의 다양성을 어떻게 인식하고 또 접근했는지를 엿볼 수 있기 때문이다. 심지어 그의 연구는 마르크스와 엥겔스의 유물사관과 사회개혁론에 큰 영향을 주기도 했다. 그러나 더 중요한 것은 그의 친족 연구가 당시 인류학계에 논란을 불러일으키면서 다양한 후속 연구들과 더불어 인류학에서 가장 주목받는 이론들을 이끌어냄으로써, 친족 분야뿐 아니라 인류학 발전에 구심점으로 작용했다는 것이다. 사실 그의 이론은 친족 연구사를 통틀어 언제나 논쟁의 핵심이었을 뿐 아니라, 여전히 풀리지 않는 수수께끼를 남겼다.

이 책에서는 모건의 대표적 연구 업적인 『인류가족의 혈연과 인척 관계의 체계Systems of Consanguinity and Affinity of the Human Family』(1871)와 『고대사회Ancient Society』(1877)를 중심으로 그의 친

족 연구의 형성 과정과 성격을 조명하려고 한다. 그러고 나서 그의 연구에 대한 비판과 후속 연구들을 검토해서 모건의 연구가 갖는 의미와 한계를 평가하려고 한다.

인류학에의 입문

　　루이스 헨리 모건은 1818년 미국 뉴욕주 중부의 농촌에서 태어났다. 그가 여덟 살 되던 해에 그의 가족은 근처 도시인 오로라Aurora로 이주했다. 거기서 모건은 카유가 아카데미 Cayuga Academy에 다녔고, 그 뒤 유니온 칼리지Union College에 입학해서 2년 만에 졸업했다. 그리고 집으로 돌아와서는 법률을 공부해 법조계에 입문했다. 1844년에 모건은 뉴욕주 북부 로체스터Rochester로 이주해서 변호사로 활동하기 시작했다. 그는 여기서 카유가 아카데미 출신들로 구성된 비밀결사단체에 가입했지만, 단체는 거의 활동을 중단한 채 없어지기 직전이었다. 그러나 일부 회원들은 단체를 다시 일으키기 위해 "신新 이러쿼이 연맹(the New Confederacy of the Iroquois)"으로 이름

을 바꾸고, 이러쿼이 연맹체를
모델로 새롭게 조직을 정비하
려고 했다.

이런 배경에서 모건은 인디
언 보호구역에 살고 있는 이러
쿼이 연맹체를 방문했다. 이러
쿼이 연맹은 문화가 비슷한 여
섯 개 부족, 즉 오논다가족(the
Onondaga), 모호크족(the Mohawk),
세네카족(the Seneca), 오네이다

루이스 헨리 모건의 초상. 1868년 무렵.

족(the Oneida), 투스카로라족(the
Tuscarora) 그리고 카유가족(the Cayuga)으로 구성되었다.1) 모건은
그중 특히 세네카족을 여러 차례 방문해서 조사했다.

모건은 탐구력과 관찰력이 아주 뛰어났다. 그는 현지 조사
를 바탕으로 1851년에 『이러쿼이 연맹*League of the Ho-de-no-sau-nee,
or Iroquois*』이라는 책을 냈고, 1868년에는 비버의 행태와 생활사
를 직접 관찰한 자료를 정리해서 『아메리카 비버의 생활사*The
American Beaver and His Works*』라는 책을 내놓았다. 두 책 모두 각
분야의 후대 전문가들에게 좋은 평판을 받았다. 그렇지만 그
의 인생을 바꾸어놓은 것은 그가 세네카 인디언의 사회조직을
조사하면서 발견한 친족 호칭 어휘들이었다. 모건은 인디언들
이 사용하는 친족 어휘가 유럽인의 어휘와 상당히 다르다는
점을 알게 되었다.

모건의 조사에서 주 정보제공자였던
세네카족 파커 부부의 모습.

한편 모건은 현지에서 조사한 자료를 바탕으로 비밀결사체를 새롭게 정비했고, 일상으로 돌아와서 경제적 업무에 충실했다.[2] 1851년에 그는 사촌인 스틸Mary Elizabeth Steele과 결혼했다. 그리고 1855년에는 아이언 마운틴 철도회사의 감독관으로 취임해서 많은 부를 쌓았다. 그러면서 모건은 정치에 입문하기도 했다. 그는 1861년부터 1869년 사이에 주 의회에서 공화당 국회의원과 상원의원으로 활약했다. 다행히도 그의 관심사가 정치에 국한되지는 않았다. 그는 인디언 원주민을 현지 조사한 경험을 살려서 주 의회 원주민관리위원회에서 위원장을 맡기도 했다.

사실 인디언 원주민에 대한 모건의 인류학적 관심은 이미 1850년대 중엽부터 시작되었다. 그것은 특히 1854년에 자신이 만든 "더 클럽The Club"이라는 학문 모임을 통해 구체화되었다. 이 모임에는 앞으로 그의 학문 활동에 큰 영향을 주는 목사 매킬베인Joshua McIlvaine이 함께 참여했다. 그런 가운데

1856년에 그는 뉴욕주 알바니에서 열린 미국과학발전협회 (AAAS, the American Association for the Advancement of Science)에 우연히 참석했다가 협회에 가입하면서 이때부터 그의 학문에 대한 관심이 본격적으로 일어났다.

그 다음 해 모건은 캐나다 몬트리올에서 열린 모임에서 이러쿼이족의 출계 법칙을 주제로 발표했다. 그는 이러쿼이족이 모계 출계를 나타내며, 친족 호칭은 직계친과 방계친을 병합하는 방식을 따른다고 보고했다. 직계친은 부모와 조부모, 형제자매, 그리고 자녀와 손자녀 등을 포함하며, 방계친은 그 밖의 주변 친족을 뜻한다. 모건에 따르면, 이러쿼이족에서 방계친인 이모姨母와 직계친인 어머니는 같은 범주에 들어 있어 똑같은 호칭으로 부른다는 것이다. 나아가 그는 모계 출계가 다른 북아메리카 원주민 부족들뿐 아니라, 중앙아메리카의 아스텍족(the Aztec), 심지어 남아메리카와 미크로네시아, 그리고 오스트레일리아의 원주민 부족들에서 폭넓게 나타난다고 보고, 그것이 북아메리카 인디언 원주민의 기원을 풀 수 있는 실마리가 될 수 있다고 주장했다.

모건의 주장은 당시 뉴욕역사학회 회장인 갤러틴Albert Gallatin이 제시한 인디언 원주민의 언어들이 단일한 기원을 갖는다는 견해를 근거로 한 것이었다. 아메리카 원주민의 기원에 대한 의문은 더 넓게는 그 동안 서구 사회에서 전개된 인류의 기원을 둘러싼 논쟁의 일부이기도 했다. 지리상의 대발견 이래 인류가 다양한 민족들로 구성되어 있다는 사실을 밝혀낸 서구인들은 더욱 궁금증을 갖게 되었다. 그 궁금증은 특히 서구인과 다른 민족들이 과연 어떤 혈연관계가 있는가 하는 의문으로 나타났다. 그리고 그 해답은 크게 단일기원설과 복수기원설로 나뉘었다.

단수기원설과 복수기원설

복수기원설(Polygenism)은 서구인과 다른 민족들이 서로 다른 種에 속할 만큼 생물학적으로 차이가 크다는 인식에서 출발했다. 이러한 차이는 이미 18세기 말부터 두개골을 계측한 과학 연구 때문에 과장되었고, 또한 다양한 민족들을 특정 인종으로 분류해 열등하다고 규정하기도 했다. 이 연구가 잘못된 자료를 기초로 했다는 사실은 미뤄두고라도, 인종의 기원에 대한 탐구는 그 당시 『성서』와 사변적인 추측에 의존할 수밖에 없었다. 이를테면, 아담과 이브는 유태인의 조상일 뿐이며, 이집트인이나 중국인 혹은 멕시코인은 모두 아담 이전에 유래한 인종이라는 주장이다. 케임즈 경Lord Kames은 다른 인종들이 바벨탑이 건설된 뒤에 별도로 창조된 피조물이라고 주장하기도 했다. 그렇지만 이런 주장들은 오히려 성서를 왜곡했다는 비판을 피할 수 없었다.

반면에 단일기원설(Monogenism)은 서구인을 포함한 모든 민족들이 같은 인류에 속하며, 모두 아담과 이브의 후손이라는 견해다. 그 바탕에는 19세기 초에 일어난 복음주의에 따른 성서의 진실성에 대한 절대적 믿음이 있었다. 또한 그것은 다분히 인류애를 바탕으로 한 이민족들의 선교와 밀접한 관련이 있기도 했다. 학자들은 단일기원설을 입증하려고 많은 노력을 했다. 예를 들어, 니그로Negro 인종의 검은 피부는 태양 빛에 드러나 있기 때문이며, 원래 니그로 태아는 피부가 아주 희다는 주장을 하기도 했다. 그러한 노력은 특히 비교문헌학(Comparative Philology) 연구를 통해서 많은 성과를 이루어냈다. 사실 모건이 옹호한 아메리카 인디언의 아시아 기원설도 단일기원설을 비교문헌학적으로 입증하려는 시도였다.

인류의 기원을 둘러싼 단일기원설과 복수기원설의 대립은 당시 미국 민족학계에서도 첨예하게 재현되었다. 특히 1839년에 모튼Samuel Morton은 케임즈 경의 주장을 각색해서, 아담이 탄생한 뒤 일어난 별도의 신의 창조는 인류에게 지울 수 없는 인종 차이를 만들어냈다고 주장했다. 그의 주장은 아메리카 인디언인 홍인종뿐 아니라 흑인종에도 적용되었다. 사실상 미국에서 인류 기원을 둘러싼 논쟁이 일어난 배경에는 원주민을 지배하기 위한 정치적 정당성과 더불어 흑인 노예의 경제적 중요성이 자리 잡고 있었다. 노예제도를 둘러싼 사회 갈등은 1861년에 남북전쟁을 촉발할 정도였다.

친족 호칭에 대한 자료 수집

이때 모건은 자신의 주장을 뒷받침하기 위해 마흔 살이 되던 1858년부터 친족 호칭에 대한 자료를 집중적으로 수집하기 시작했다. 그는 그해 7월 사업차 미시건주의 마켓Marquette을 방문했다. 그는 열차에서 우연히 워싱턴에서 돌아오는 수족(the Sioux)의 대표단과 마주쳤고, 그들의 친족에 관해 인터뷰할 기회를 얻었다. 모건은 수족의 친족 호칭이 이러쿼이족과 비슷하지만, 부계 출계로 조직되었음을 알게 되었다. 이런 사실을 알고 그는 조금 당황했지만, 아마도 과거에 수족의 출계가 모계였을 것이라고 추측하고 말았다. 마켓에 도착해서 예정대로 오지브웨이족(the Ojibway) 가정을 방문했다. 여기서 그는 훨씬 체계적으로 자료를 수집할 수 있었다. 그렇지만 오지브웨이족 역시 친족을 부르는 방식은 이러쿼이족과 같았지만, 부계 출계로 조직되어 있었다.

모건은 마켓에서 조사한 결과를 보고 자신의 방법론을 조금 고칠 수밖에 없었다. 출계 방식에 집착하는 것을 포기하고, 친족 호칭에 반영된 친족 분류 방식에 집중하기 시작했다. 비록 부계 출계로 조직되었지만, 오지브웨이족에 대한 자료는 그의 프로젝트를 강화하는 효과를 주었다. 그 당시 비교문헌학에서 민족의 기원을 추적하는 작업은 주로 언어의 비교를 통해 이루어졌다. 왜냐하면 다른 문화 요소들과 달리 언어의 특별한 문법 성질이나 특정한 범주의 어휘들이 긴 세월이 지나도 잘 변하지 않는다는 사실 때문이었다. 더욱이 오지브웨이족 언어는 알곤킨 어계語系에 속한 반면, 이러쿼이족은 다른 이러쿼이 어계에 속했다. 이렇듯 아주 다른 어계를 가로질러 같은 방식의 친족 호칭이 나타났다는 사실은 친족 호칭이 다른 언어 범주보다 민족의 역사적 계통을 추적하는 데 훨씬 효과적인 도구가 될 수 있음을 뜻할지도 몰랐다.

모건은 이 같은 생각에 고무되었고, 비교 민족학적 자료를 더욱 폭넓게 수집하기 위해서 친족 호칭에 관한 설문지를 체계적으로 작성했다. 그는 설문지를 시험해보기 위해 설문지를 가지고 세네카 인디언 보호구역을 다시 방문했다. 모건은 이것을 참고로 해서 설문지 내용을 더 체계 있게 고쳤다.

대체로 모건이 만든 설문지는 특정한 대상을 정하지 않고 설문 대상자에게 추상적으로 혈연 및 혼인 관계에 있는 친인척들을 어떻게 부르는지를 묻는 내용이다. 이러한 친인척들은 기술적으로 친족 유형(kin type)이라고 부르는데, 자기(ego)를 중심으로 F(father), M(mother), S(son), D(daughter), B(brother), Z(sister), H(husband), W(wife)뿐 아니라 이것들을 순열하고 조합한, 이를테면, FMB, MZSSS, BZDDDH와 같은 다양한 관계의 친인척들을 포함하고 있다. 실제로 이렇게 순열하고 조합해 만들 수 있는 친족 유형은 무한했다. 그렇기 때문에 모건은 설문지 목록을 자기가 여성일 경우를 고려하고, 또 영미 언어권의 친족 호칭에서는 따로 구분되지 않는 형(elder brother)이나 누나(elder sister) 같은 친족 유형, 그리고 과부나 홀아비, 혹은 쌍둥이 같은 친족이 아닌 어휘들을 포함해서 최대 268개의 문항으로 제한했다.

1859년, 모건은 설문지를 미국 선교사와 목사, 그리고 인디언 관리국과 미국 상무국 현지 직원들, 심지어 해외 주재 대사들에게도 보냈다. 그들은 미국 안에 있는 인디언 보호구역, 하와이 섬, 미크로네시아의 섬, 인도, 일본에 한때 살았거나 당시에 살고 있었다. 심지어 그는 런던에 사는 지인을 통해서 아프리카의 리빙스턴David Livingstone에게도 설문지를 보내려고 시도했다. 나아가 모건은 기회가 생기기만 하면 인터뷰를 했을 뿐 아니라, 직접 미시시피강 서쪽으로 여러 차례 현지 조사를 가기도 했다. 이처럼 모건의 자료 수집에 대한 열정은 매우 컸다. 그리고 그 과정에서 더욱 의욕을 북돋아주는 경우도 있었지만, 낙담하게 만드는 일도 많았다. 그가 보낸 설문지의 답장이 잘 돌아오지 않았고, 아주 더디게 도착하기도 했다.

그런 가운데 다코타족(the Dakota)의 언어사전을 집필한 목사에게서 처음 답장을 받았고, 그 부족이 부계를 따라 조직되었지만 이러쿼이족과 유사한 친족 호칭을 지녔음을 알게 되었다. 더욱 고무적인 답장은 1859년에 남인도의 선교단에서 복무한 스쿠더Dr. Henry Scudder에게서 온 것이었다. 여기서 모건은 너무 멀리 떨어져 있어서 아메리카 인디언 언어들과는 전혀 다른 어군에 속할 것 같은 타밀족(the Tamil)의 친족 호칭이 역시 이러쿼이족과 유사한 방식을 나타낸다는 것을 확인할 수 있었다.

타밀족의 자료는 모건에게 아주 의미 깊은 것이었다. 이미 1786년에 제임스 경은 고트Goth어와 켈트Celt어, 그리고 인도의 산스크리트Sanskrit어가 같은 기원을 갖는다는 사실을 발표했다.

이로부터 아마도 산스크리트어를 쓰는 아리안족(the Aryan)이 오래 전에 인도에 들어와 토착 민족을 밀어내고 대륙을 지배하게 되었다는 추측이 나오기도 했다. 타밀족은 바로 그러한 토착 민족의 하나로, 고대 아시아 민족에 뿌리를 두었던 것으로 여겨졌다. 모건은 타밀족과 이러쿼이족의 유사성을 곧 아메리카 인디언의 아시아 기원설을 입증하는 결정적인 단서로 간주했다.

타밀족의 자료를 본 모건은 자료 수집에 더욱 열중했다. 그는 곧 스쿠더를 직접 방문해서 타밀족과 함께 드라비다(Dravidian) 어계에 속하는 남인도 텔루구족(the Telugu)의 자료를 얻었다. 그러던 중 1862년, 그가 네 번째 현지 조사를 마치고 돌아왔을 때 두 딸이 죽었음을 알게 되었다. 이로 인해 모건은 마음의 큰 상처를 입어 정치와 법률 활동을 단념했다. 하지만 그것은 오히려 그가 집필에만 몰두할 수 있는 계기가 되었다.

마침내 모건은 집필할 때 필요한 자료를 어느 정도 확보했다. 세계 각지의 139개 부족 혹은 민족들의 친족 호칭들을 수집한 것이다. 특히 자료를 수집할 때 기독교 목사들과 선교사들이 많은 기여를 했다. 그렇지만 그가 수집한 친족 호칭 자료들은 지리적으로 심하게 편중된 것이었다. 80개는 북아메리카 인디언의 자료였고, 그것도 대부분 그가 보낸 설문지 답장보다는 모건이 직접 현지를 조사한 내용이나 탐문을 해서 얻은 자료였다. 유럽과 근동에서는 39개 자료를 구할 수 있었다. 그렇지만 아시아 지역과 드넓은 오세아니아에서는 18개 부족의 자료를 얻었을 뿐이다. 아프리카, 오스트레일리아, 그리고 라틴아메리카의 자료는 거의 구하지 못했다. 모건은 집필을 마무리할 무렵에 남태평양 피지 섬과 통가 섬에 살고 있는 두 개 부족의 자료를 더 구할 수 있었다.

『인류가족의 혈연과 인척 관계의 체계』의 집필

세계 각지의 친족 호칭 자료들을 바탕으로 한 모건의 집필 작업은 무엇보다도 자료들을 분류하는 것에서 시작되었다. 이미 말했듯이, 그는 이러쿼이족의 친족 호칭이 영미 민족이 사용하는 호칭과 다를 뿐 아니라, 이러쿼이족의 호칭 방식이 다른 어계를 포함해서 심지어 멀리는 남인도의 타밀족에서도 공통으로 나타난다는 사실을 알게 되었다. 이러한 사실을 근거로 모건은 세계의 친족 호칭을 분류하려고 시도했다.

기술체계와 유별체계

모건의 분류 작업은 무엇보다도 핵가족 성원들을 나타내는 여덟 개의 호칭을 중심으로 이루어졌다. 우선 그는 F, M, S, D, B, Z, H, W의 호칭이 일차적 호칭(primary terms)으로서 모든 인류 사회에서 먼저 생겨났고 또 보편적으로 존재한다고 보았다. 이러한 일차적 호칭을 기준으로 해서 그는 세계의 친족 호칭을 기술체계(descriptive system)와 유별체계(classificatory system)로 나누었다. 그에 따르면, 기술체계는 핵가족 성원들에게 부여된 호칭이 핵가족 이외의 다른 친인척에게는 적용되지 않는 체계였다. 반면에 유별체계란 핵가족 성원을 가리키는 호칭이 핵가족 이외의 다른 친인척에게 적용되는 체계였다. 즉, 직계친과 방계친이 병합되었다. 모건은 기술체계가 생물학적인 혈연관계를 현실적으로 반영한 반면, 유별체계는 그것을 제대로 반영하지 못했다고 생각했다. 이런 점에서 그는 기술체계가 자연적인 체계인 반면, 유별체계는 생물학적 혈연관계를 혼동한 인공적인 체계라고 간주했다. 그는 또한 유별체계가 지적 능력이 상대적으로 낮은 민족들에서 비롯되었으며, 궁극적으로는 기술체계로 진보(progress)할 것이라고 보았다. 즉, 그는 세계의 친족을 문명사회와 비문명 혹은 원시사회의 이분 구도로 나누어 인식했다.

모건은 자신이 주장한 아메리카 원주민의 아시아 기원설에 위배되지 않는 한, 유별체계나 기술체계 안에서 서로 다른 병합 패턴이 존재한다는 것에 크게 신경 쓰지 않았다. 그는 직계친과 방계친의 병합 패턴을 주로 부모의 형제자매 및 그들의 자녀, 그리고 형제자매의 자녀들을 기준으로 해서 파악했다.

그런데 병합 패턴은 세대를 가로질러 언제나 일관성 있게 나타나지는 않았다. 이를테면, 모든 세대에서 직계친과 방계친 사이에 병합이 이루어진 다코다족이나 이러쿼이족과 달리, 오지브웨이족은 자기의 형제자매와 사촌이 병합된 반면, M과 MZ, 그리고 D와 BD 및 ZD는 각각 서로 구분되었다. 그런데도 모건은 다코타족, 이러쿼이족, 오지브웨이족이 모두 유별체계에 속한다고 보았다. 그들이 지적 능력이 낮아서 혈연관계를 혼동했다는 이유만으로도 모건은 그러한 불규칙한 패턴에 일일이 의미를 부여하지 않아도 되었을지 모른다. 또한 기술체계인 영미 친족의 경우에도 같은 세대의 방계친들이 단지 성별의 기준에 따라 아저씨(uncle), 아주머니(aunt), 혹은 심지어 성별 구분 없이 사촌(cousin)으로 병합되었지만, 그것에 특별한 의미를 두지 않았다.

다만 모건은 인공적 유별체계에서 나타난 두 가지 아주 다른 병합 패턴들은 특별히 주목했다. 한 가지는 하와이족에서 나타난 패턴이었다. 하와이족은 단지 세대와 성별만을 기준으로 직계친과 방계친을 모두 병합하는 경향을 나타냈다. 즉, 그들의 친족 호칭은 F=FB=MB 혹은 M=MZ=FZ, 그리고 B=FBS=MZS=FZS=MBS 혹은 Z=FBD=MZD=FZD=MBD, 심지어 S=BS=ZS 혹은 D=BD=ZD로 나타났다. 모건은 이러한 패턴을 말레이(the Malay) 유형이라고 따로 구분했다. 또한 가지는 말레이 유형을 제외한 유별체계에서 직계친과 방계친의 병합이 특정한 방식으로 이루어진 패턴이었다. 이를테면,

부모 세대의 형제자매에 대한 친족 호칭은 F=FB≠MB 그리고 M=MZ≠FZ로 나타났다. 즉, 부모와 동성인 형제자매는 부모와 같은 범주에 속한 반면, 이성인 형제자매는 별도의 범주에 속한 것이다. 이것은 자기와 같은 세대의 사촌에도 마찬가지로 적용되어, B=FBS=MZS≠FZS≠MBS 그리고 Z=FBD=MZD≠FZD≠MBD의 패턴이 나타나기도 했다. 이 패턴은 나중에 후학들이 친족 호칭의 분지병합(bifurcate merging)적 성질로 규정했지만, 모건은 처음에 말레이 유형과 더불어 그것에 대해서 별다른 의미를 두지 않았다. 나아가 그는 유별체계에 속한 아메리카 인디언과 남인도 타밀족의 친족 호칭 사이에서도 특징적인 차이점이 존재한다는 것을 간파했다. 그렇지만 이러한 차이점이 직계친과 방계친의 병합을 기준으로 아시아 기원설을 입증하려는 그의 단순한 프로젝트에서 큰 의미를 갖지는 못했다.

나아가 모건은 기술체계와 유별체계의 이분 구도 아래서 다양한 민족들을 어느 정도 세분할 필요가 있었다. 민족을 분류하는 것은 계통학에 따라야 했다. 왜냐하면 민족을 분류하는 것이 아메리카 인디언의 기원을 밝히는 데 기여해야 했기 때문이다. 다행히 민족의 역사를 추적하거나 단일기원설을 입증하려는 민족학적 연구는 비교문헌학 분야에서 상당한 성과를 이루어냈다. 그래서 모건은 비교문헌학에 눈길을 돌렸다.

모건의 눈길을 먼저 끈 것은 콜드웰(Robert Caldwell) 목사의 연구였다. 그는 모건이 주목한 남인도 타밀족을 포함한 드라비다 어계의 비교 문법을 연구한 인물이었다. 그는 특히 드라비다 어계와 중앙아시아 스키타이족(the Scythian)의 언어 사이에 계통 관계를 유랑생활(nomadism)이라는 공통점을 기준으로 해서 수립하려고 했다. 이것은 모건에게 매력 있는 이론이었다. 왜냐하면 그 자신 또한 중앙아시아 유목민족과 아메리카 인디언의 유랑생활 사이에서 계통 관계를 찾아내려고 노력했기 때문이다. 이런 배경에서 드라비다 어계와 스키타이족의 언어 사이의 계통 관계는 그가 발견한 아메리카 인디언과 드라비다 어계에서 나타난 친족 호칭의 유사성에 역사적 맥락을 제공하는 듯했다. 이로부터 모건은 민족의 역사적 발전을 유랑생활 대 정착 농경의 구도로 인식하는 경향을 갖게 되었다. 이것은 자신이 받아들인 문명 대 비문명의 이분 구도에도 상응하는 것이다. 다만 콜드웰은 모건이 수집한 다양한 민족의 친족 호칭을 세분하고 또 통합할 수 있는 분류 체계를 제공하지는 못했다. 분류 체계는 그 당시 저명한 비교문헌학자인 뮐러Max Müller가 제공했다.

이미 말했듯이, 단일기원설을 입증하려고 한 19세기의 민족학은 특히 비교문헌학에서 두드러진 성과를 나타냈다. 그중에서 대표적인 성과는 뮐러가 이루어냈다. 1854년, 뮐러는 세계 언어를 분류하고 통합함으로써 인류의 단일기원을 입증하려고 했다. 그 당시 비교문헌학계에서는 이미 산스크리트어와 다양한 유럽어들이 인도-유럽 어군(the Indo-Europe-an)으로 통합되었고, 또한 셈 어군(the Semitic) 사이의 유사성도 주목을 받았다. 나아가 뮐러는 인도-유럽 어군을 아리안 어군(the Aryan)으로 바꾸어 부르는 한편, 그것들을 제3의 어군인 튜란 어군(the Turan)과 대비했다. 그에 따르면, 아리안Aryan의 어근인 Ar는 라틴어로 경작을 뜻하는 반면, 튜라Tura는 승마 기수의 날렵함을 나타냈다. 즉, 아리안 어군은 정착 농경을 해서 문명을 이룩한 반면, 튜란 어군은 유랑생활을 지속함으로써 비문명권에 머물렀다. 뮐러는 튜란 어군을 다시 북방계와 남방계로 나누었다(표 1 참조). 우랄-알타이 어군에 해당하는 북방계에는 유럽의 투르크어, 핀어, 퉁구스어, 몽골어, 그리고 여기저기 고립되어 나타나는 사모예드어를 비롯해서 바스크어와 코카서스어가 포함되었다. 반면에 남방계에는 타이어, 말레이어, 갠지스강 유역의 언어들인 보티야어(the Bhotiya), 타밀어, 그리고 열대 지역에 분산된 다양한 언어들과 아메리카 인디언 언어들이 포함되었다.

나아가 뮐러는 세 개의 어군 사이에 계통 관계를 수립하려고 시도했다(표 1 참조). 이를 위해서 그는 19세기 초 독일의 언어학자인 훔볼트Wilhelm von Humboldt의 형태학적 분류 체계를 활용했다. 훔볼트는 언어를 고립어, 교착어, 그리고 굴절어로 구분했다. 고립어란 단어가 실제로 의미를 갖지만 어미나 접사가 없어서, 문장을 구성하기 위한 문법 기능은 어순에 따라 이루어지는 언어를 말한다. 중국어, 티베트어, 그리고 타이어가 여기에 속한다. 교착어는 단어가 홀로 기능을 하지 못하고, 접사 혹은 조사를 덧붙여서 주어나 목적어 등의 문법 기능을 하는 언어를 말한다. 여기에는 한국어나 일본어, 그리고 투르크어가 속한다. 마지막으로, 굴절어는 단어가 어근과 어미로 나뉘고, 어미가 변화함으로써 단수나 복수, 주격이나 소유격, 혹은 1인칭이나 3인칭 등의 문법 기능을 하는 언어이다. 여기에는 인도-유럽 어군이나 셈 어군이 있다.

밀러는 특히 이 같은 훔볼트의 형태학적인 분류 체계를 계통 분류 체계로 변환했다. 이를 위해서 그는 세계 언어의 발달을 네 단계로 나누고, 각 단계에 어군들을 귀속시켰다. 밀러의 이론에 따르면, 대홍수가 일어나기 전 단계에서 인류의 언어는 단일한 어근만으로 문장 하나가 구성되는 언어였다. 그 뒤 인류의 언어는 가족 단계로 나아가면서 고립어로 발전했다. 그러다가 인류는 유랑생활 단계로 나아갔다. 여기서 각 집단의 언어는 아주 다양하게 갈라졌지만, 공통으로 교착어의 형태를 갖게 되었다. 여기에는 튜란 어군이 포함되었다. 마지막으로 인류의 언어는 정치적 단계로 나아가면서 굴절어로 발전했다. 여기에는 아리안 어군과 셈 어군이 포함되었다.

그러나 밀러의 언어 발달 모델에는 문제점이 있었다. 우선 단일한 어근만으로 문장 하나가 형성되는 언어는 존재하지 않았다. 즉, 그것은 밀러가 고안한 가상의 언어였다. 또한 굴절어가 교착어보다, 그리고 교착어가 고립어보다 더 발달한 언어라는 주장은 입증되지 않은 가설에 불과했다. 더욱이 고립어를 사용하는 중국 민족은 가족 단계에 머물러 있지 않고, 문명을 발달시켰다. 그래서 밀러는 중국어를 따로 정치적 단계

중국어

대홍수 이전	가족 단계	야만 단계	정치적 단계
한어	남어	중국어	

북방 계
- 퉁구스 어
- 몽골 어
- 투르크 어
- 핀 어

남방 계
- 타이 어
- 말레이 어
- 보티야 어
- 타밀 어

교착어

굴절어

셈 어군
- 북서 아프리카 어
- 이집트 어
- 바빌로니아 어
- 아라비아 어
- 아람 어
- 팔레스타인 어

아리안 어군
- 힌디 어, 이란 어, 라틴 어
- 체크 어, 타밀 어
- 그리스 어, 튜튼 어

〈표 1〉 세계 언어의 계통 관계와 사회적 진화.
출전 : C. C. Bunsen, *Outlines of the Philosophy of Universal History applied to Language and Religion*, 2 vols., Longman, 1854.

와 연계하지 않을 수 없었다(표 1 참조). 나아가 유랑생활 단계의 튜란 어군에는 북방계와 남방계가 있었다. 뮐러는 남방계의 언어가 교착어에 속한 반면, 북방계 언어는 아리안 어군이나 셈 어군과 마찬가지로 굴절어의 성질을 나타낸다고 보았다. 다만 그는 북방계 언어가 과거에는 교착어의 성질을 나타냈을 것이라고 추측했다. 그렇지만 실제로 북방계에 속하는 퉁구스어나 투르크어는 교착어에 속한 언어였다. 심지어 튜란 어군의 남방계로 분류된 타이어는 실제로는 고립어에 속했다.

이처럼 뮐러는 세계 언어를 특히 유럽 중심적 관점에서 문명권과 비문명권으로 나누었다. 즉, 문명권에는 유럽과 중동, 그리고 북인도의 언어들을 포함시킨 반면, 나머지 인류의 다양한 언어들은 비문명권으로 분류했다. 이러한 이분 구도 아래서 그는 세계 언어들의 계통 관계를 단일한 발달 체계에 통합함으로써, 인류의 단일기원설을 입증했다고 자평했다.

뮐러의 언어 분류 체계는 여러 가지 오류나 문제점이 있었지만, 모건이 세계의 친족 호칭을 세분하는 작업을 할 때 중요한 기틀을 제공했다. 무엇보다도 그는 뮐러가 창안한 튜란 어군의 범주를 적극 받아들였다. 더욱이 튜란 어군의 속성인 교착어의 성질은 마치 유별체계에서 직계친과 방계친이 병합하는 것과 상응하는 것처럼 보였다. 그렇지만 그는 친족 호칭의 병합 방식에 따라 하와이나 미크로네시아 부족을 튜란 어군과 구분해 말레이 어군으로 따로 분류했다. 또한 뮐러가 튜란 어군에 귀속시킨 아메리카 인디언 어군을 별도로 구분해서 가노와니아 어군(the Ganowanian)이라고 이름 붙였다. '가노와니아'란 세네카 말로 화살을 뜻하는 ga-no와 활을 뜻하는 wa-a-no의 합성어로서, 모건이 직접 창안했다. 가노와니아 어군을 이처럼 따로 구분한 까닭은 아메리카 인디언의 아시아 기원설을 입증하려는 자신의 목적에 맞았기 때문이다.

이렇듯 모건은 세계 언어를 여섯 개 어군, 즉 튜란, 말레이, 가노와니아 어군과 아리안, 우랄, 셈 어군으로 세분했다. 이는 세계 언어를 유럽 중심적 시각에서 문명권과 비문명권으로 나눈 뮐러의 분류 체계를 재현한 것이었다. 나아가 모건은 각 어군에서 나타나는 세계 친족 호칭들의 패턴을 분류했는데, 이것 또한 문명권과 비문명권의 이분 구도에 상응한 것이었다. 즉, 그는 세계의 친족 호칭들을 크게 자연체계와 인공체계로 구분했고, 그것들을 비교함으로써 아메리카 인디언의 아시아 단일기원설을 입증하려고 했던 것이다(표 2 참조).

인류가족의 혈연과 인척관계의 체계

모건은 연구 결과를 '인류가족의 혈연과 인척 관계의 체계'라는 제목으로 스미소니언 협회에 제출했다. 이 논문은 4부로 구성되었다(표 2 참조). 우선 1부에서는 자연체계를 다루었다. 자연체계에는 아리안 어군과 셈 어군, 그리고 우랄 어군이 속한다. 우랄 어군은, 원래 뮐러에 따르면, 튜란 어군의 북방계에 속한다. 여기에는 퉁구스어, 몽골어, 투르크어, 핀어, 그리

I. 자연체계
  1. 관계 체계의 일반적 고찰
  2. 아리안 어군의 라틴어계
  3. 아리안 어군의 다른 계통들 - 그리스어, 튜튼어, 산스크리트어,
     슬라브어, 켈트어, 페르시아어, 아르메니아어

II. 인공체계
  1. 튜란 어군의 드라비다 어계
  2. 튜란 어군의 가우라 어계
  3. 튜란 어군의 다른 계통들 - 중국어, 일본어
  4. 미분류 아시아 민족들
  5. 말레이 어군의 계통들 - 하와이어, 미크로네시아어, 줄루어(추측)

III. 인공체계(계속)
  1. 일반적 고찰
  2. 가노와니아 어군의 다코타 어계
  3. 다코타 어계(계속)
  4. 가노와니아 어군의 알곤킨 어계
  5. 가노와니아 어군의 다른 계통들 - 아타파스카아파치어, 살리시
     어, 사합틴어, 쇼쇼니어, 뉴멕시코 촌락의 인디언 언어, 남아메
     리카 촌락의 인디언 언어들(추측)
  6. 가노와니아 어군의 다른 계통들(계속)
  7. 에스키모어
  8. 인류 어군의 관계 체계의 비교 결과

IV. 아메리카 인디언 민족들의 단일기원에 대한 단서
  1. 북아메리카 대륙의 자연 지리
  2. 아메리카 인디언 민족들의 이주
  3. 그 민족들의 가족 제도 - 부족 조직, 이름 변경 및 부여 방식,
     춤, 매장 풍습
  4. 그 민족들의 건축과 농경

〈표 2〉 『인류가족의 혈연과 인척 관계의 체계』의 초고에 나타난 차례.
출전 : Thomas Trautmann, *Lewis Henry Morgan and the Invention of Kinship*, Berkeley:
       University of California Press, 1987, pp. 116-117.

고 사모예드어가 포함되어 있다. 그렇지만 모건은 퉁구스어, 몽골어, 사모예드어에 관한 친족 호칭 자료를 얻지 못했다. 더욱이 그는 다른 유럽 민족의 언어들과 친족 호칭 방식이 비슷한 북유럽의 핀어나 소아시아의 투르크어를 튜란 어군에 포함시키는 것은 합당치 않다고 판단했다. 오히려 이들 민족을 포함해서 이른바 성서에 언급된 유대 민족을 비롯한 기독교 민족과 이슬람 민족을 함께 묶어서, 그 밖의 다른 민족들과 대비하는 것이 자신의 이분 구도에 부합한다고 생각한 것 같다.

2부에서 모건은 인공체계를 다루었다. 여기에서는 튜란 어군과 말레이 어군을 먼저 논의했다. 튜란 어군에는 타밀어나 텔루구어를 포함한 드라비다 어계와 더불어, 엉뚱하게도 인도-유럽 어군에 속하는 북인도의 힌디어나 벵갈어로 구성된 가우라Gaura 어계가 포함되었다. 이것은 아마도 콜드웰의 영향 때문인 듯하다. 심지어 튜란 어군에는 중국어와 일본어가 편입되었다. 그렇지만 중국이나 일본의 친족 호칭은 유럽 민족과 비슷하기 때문에 기술체계에 포함되는 것이 옳다. 덧붙여, 말레이 어군과 관련해서 그는 하와이와 미크로네시아의 친족 호칭을 논의했다. 3부에서는 인공체계를 계속 논의하면서, 가노와니아 어군에 속하는 아메리카 인디언 부족의 친족 호칭을 다루었다. 여기서 그는 퉁구스 어계에 속하는 에스키모족의 친족 호칭을 함께 다루었지만, 이것 역시 유럽 민족의 친족 호칭 방식과 유사한 기술체계에 속했다.

이런 오류가 있었지만, 모건은 자신의 분류 체계로 세계의 친족 호칭들을 비교했다. 그리고 친족 호칭의 동일한 인공적 병합이 아시아의 튜란 어군과 아메리카 대륙의 가노와니아 어군에서 공통으로 나타난다는 사실을 뒷받침할 수 있는 이론적 가능성을 열거했다. 그 가능성은 문화적 차용 혹은 전파, 우연한 독립적 창조, 동일한 조건과 필요에 따른 자연적 발생, 그리고 공통의 혈연적 계보였다. 그중에서 그는 네 번째 가능성이 가장 합당하다고 지적했다.

마지막으로 모건은 4부에서 아메리카 인디언 원주민이 아시아에서 기원했다는 가설을 뒷받침하는 다른 지리적이고 문화적 자료들을 첨부하려고 노력했다. 그 일환으로 아메리카 인디언의 이주 경로를 제시했다. 그는 인디언 부족들이 원래 동아시아의 아무르강 분지에서 기원했고, 알류샨 열도를 따라 아메리카 대륙의 북서부 태평양 연안에 있는 콜롬비아강 계곡에 도착한 다음 아메리카 대륙 전체로 확산되었다고 보았다. 이러한 아시아 기원설을 바탕으로 그는 다음과 같이 말했다. "신세계를 발견한 그들은 인도에 도착했다고 착각해서 그곳의 원주민들에게 '인디언Indian'이란 이름을 붙였지만, 전혀 다른 대륙에 있던 같은 인도인(the Indian)의 후손들이 그들 앞에 서 있다는 것을 거의 알아채지 못했다. 특이한 우연이었지만, 그들의 착각은 사실로 드러났다."

1865년, 마침내 모건은 『인류가족의 혈연과 인척 관계의 체계』의 원고를 완성했다. 그는 책을 발간하기 위해서 스미스소니언 협회에 원고를 제출했다.[3] 그 당시 스미스소니언 협회의 이사이면서 프린스턴 대학의 교수였던 헨리Joseph Henry는 그 동안 모건의 조사와 집필을 격려했고, 약간의 재정도 지원해주었다. 그렇지만 그는 모건의 원고를 받아들고 꺼려하는 기색을 보였다. 왜냐하면 우선 모건의 저술은 방대한 자료를 담고 있어서 발간 비용이 7천 달러로 추산되었는데 이는 스미스소니언 협회가 1년간 책을 발간할 수 있는 예산에 해당할 만큼 큰 액수이기 때문이었다. 더욱이 1865년에 스미스소니언 협회 본부 건물에 불이 나서 재정이 아주 어려운 상황이었다. 그러나 이런 상황과 상관없이, 아주 엄격한 학자인 헨리는 모건의 원고를 살펴본 다음 재편집할 필요가 있다고 판단했다. 그래서 프린스턴 대학의 비교문헌학자이면서 산스크리트어 학자인 매킬베인Joshua McIlvaine 교수와 셈어의 전문가인 그린 William Green 교수에게 심사를 부탁했다.

모건의 원고를 심사한 두 사람은 아주 다른 결론을 내렸다. 우선 그린은 친족 호칭이 비교문헌학과 민족의 역사를 추적하는 민족학에서 아주 효과 있게 쓰일 수 있다는 모건의 주장이 훌륭하다고 찬사를 보냈다. 반면에 헨리는 여러 가지 이유를 들어 원고 내용을 다시 구성할 것을 강력히 조언했다. 이에 대해 모건은 일부 동의하지 않은 점도 있었지만, 헨리의 조언을 그대로 따를 수밖에 없었다. 그렇지만 헨리의 조언은 메킬베인의 요구에 비하면 큰 부담은 아니었다.

매킬베인은 논평에서 모건이 제출한 1865년 원고는 아주 많은 부분을 고쳐야 한다고 평했다. 이미 말했듯이, 매킬베인은 학문에서 모건의 오랜 동료로서, 그가 1854년에 만든 학문 모임인 "더 클럽"에서 함께 활동했다. 그 뒤에도 두 사람은 계속 교류하면서 학문에 대해 의견을 나누었다. 1864년, 매킬베인은 모건이 발견한 친족 분류 체계가 단순히 민족의 기원을 추적하는 도구에 국한되지는 않는 것 같다는 충고를 모건에게 했다. 그는 특히 타밀족이나 아메리카 인디언 부족의 친족 호칭과 관련해, 고대 그리스의 아리스토텔레스와 헤로도투스의 고전을 인용하면서 과거 아내를 함께 거느린 부족들의 사례가 있음을 떠올리게 했다. 그러면서 모건의 자료가 고대 사회의 모습을 엿볼 수 있는 단서가 될 수 있다는 암시를 남겼다. 이런 관점에서 모건의 원고를 검토한 매킬베인은 그의 분석이 만족스럽지 못하다는 원래 생각을 다시 확인했고, 다음과 같은 결론을 내렸다. "우리의 친애하는 모건은 자신이 발견하고 수집한 새로운 사실들이 지닌 중요한 의미를 감지하지 못한 것 같다. 사실 그는 그것들을 설명할 수도 없었다. 그는 이 체계나 이것의 약간 다른 형태들이 창조된 것인 만큼 완전히 인공적이고, 더욱이 문명사회에서 지배적으로 나타나는 혈연관계의 흐름을 그대로 따른 것과는 다르다는 것을 간파했다. 그렇지만 그 과정에서 모건은 그것들이 어떤 사고 과정(any process of thought)에서 기원했다거나, 어떤 원인 때문에 보편적으로 나타나게 되었는지를 전혀 고려하지 못했다. 그는 그것들이 단지 선사인류를 규명하는 불빛과 같다고 보았지만, 그것들이 어떤 불빛인지는 발견하지 못했다." 결국 모건의 원고는 출판되지 못했다. 그는 원고를 대대적으로 수정할 수밖에 없었다.

『인류가족의 혈연과 인척 관계의 체계』의 수정

모건은 『인류가족의 혈연과 인척 관계의 체계』의 초고를 주로 민족학의 최대 쟁점인 단일기원과 복수기원설을 기준으로 해서 전개했다. 그렇지만 그가 원고를 고치기 시작한 1860년대 영국의 민족학계에서는 이미 커다란 변화가 일어나고 있었다.

이미 지적했듯이, 단일기원설은 성서의 내용을 그대로 역사적 사실로 받아들였다. 심지어 영국 정교의 대주교인 어셔 James Ussher는 성서에 나타난 혈연 계보를 거꾸로 추적해서 아담과 이브의 시대를 기원전 4004년으로 추산하기까지 했다. 그렇지만 19세기 초부터 지구의 역사를 실증적으로 연구하는 지질학이 발달하기 시작했고, 지층을 탐사하는 과정에서 발굴된 인류와 비슷한 유골이나 도구들을 통해 인류의 역사가 아주 오래 되었다는 사실을 알 수 있었다. 비록 그 당시 탄소(C)나 칼륨/아르곤(K/Ar) 동위원소를 이용한 연대측정법이 개발되지 않아서 깊은 지층에서 발굴된 인류의 유골이나 유물의 정확한 연대를 알 수는 없었다. 그렇지만 그것들이 이미 멸종된 동물의 뼈와 같은 지층에서 발견되었다든가, 혹은 어렴풋하게 연대를 측정할 수 있는 유물보다 훨씬 깊은 지층에서 나왔다는 단서만으로도 어렵지 않게 연대를 추정할 수 있었다. 이렇듯 증거를 근거로 한 과학적 추정은 성서를 기초로 한 인류 기원에 대한 연대기의 문제점을 밝혀냈고, 민족학의 근간이 된 단일기원설을 흔들어 놓았다. 결국 1859년 다윈Charles Darwin의『종의 기원The Origin of Species』이 발간되면서, 이제껏 민족학의 최대 목표였던 단일기원설은 설 자리를 잃어버렸다.

문화진화론의 등장

사실상 이런 변화는 19세기 후반기 서유럽에서 보수주의가 쇠퇴하고 자유주의 경제가 득세하는 더 큰 사회 변화 속에서 일어났다. 산업혁명은 전기 동력과 자동화 기계를 도입하면서 재도약의 발판을 마련했고, 서유럽 열강의 식민주의는 제국주의적 양상을 띠기 시작했다. 이런 과정에서 자유주의 경제를 옹호하던 부르주아 엘리트는 계몽사상의 영향을 받아 이성적 합리주의를 추구하고 또 진보사관을 펼쳤다. 이들은 산업혁명의 성과에서 유럽 문명의 자긍심을 느꼈고, 미래 사회를 낙관적으로 바라본 것이다.

이런 배경에서 민족학계 또한 복음주의나 보수주의의 영향력이 쇠퇴한 반면, 계몽사상을 이어받은 진보주의자들이 득세하게 되었다. 그런 가운데 다양한 원시 민족들의 삶을 어떻게 이해할 것인가 하는 문제가 1860년대 서구 지성인들 사이에서 가장 큰 화제로 다시 등장했다. 그들은 무엇보다도 이 문제를 문화라는 틀로 접근했고, 문화의 다양성을 이해하기 위해서 당시 널리 유행하던 진화의 패러다임을 적용하기 시작했다.

자연계에서 사용하던 진화 개념은 이미 사회에 널리 퍼져 있었고, 다윈의 『종의 기원』은 자연철학자와 자연사가自然史家들에게 큰 반향을 일으켰다.4) 또한 고고학 분야에서 러복 John Lubbock은 북유럽의 발굴 자료를 근거로 해서 인류 문화의 역사를 석기, 청동기, 철기의 세 단계로 나눈 학설을 전파하고, 석기시대를 구석기와 신석기 시대로 세분했다. 나아가 스펜서 Herbert Spencer가 진화론을 사회에 체계적으로 적용하기도 했다. 이런 흐름에 발맞추어, 이민족의 문화적 다양성에 관심을 가졌던 엘리트 지성인들은 신의 섭리에 따른 종래의 역사관을 말끔히 떨어 버리고, 인간 중심적이면서 이성에 바탕을 둔 새로운 역사관을 수립하려고 노력했다. 이를 위해서 그들은 그 당시 세계에 산재한 다양한 부족사회들을 포함한 공시대共時代적인 문화 자료를 통시대通時代적인 문화진화의 패러다임을 통해서 이해하려고 했다.

문화진화론자들은 유전 형질의 변화를 통해 생물체가 진화한다는 다윈의 진화론보다는 오히려 라마르크Jean Baptiste Lamarck의 용불용설, 즉 획득 형질의 유전을 통한 진화론을 받아들였다. 그들은 후천적 형질인 문화를 대상으로 하면서 문화가 진보한다고 보았다. 따라서 특정한 지향성을 갖지 않는 다윈의 진화론보다는 생물체가 완전성을 향해 진보한다고 본 라마르크의 진화론을 더 선호할 수밖에 없었다. 또한 그들은 이성이라는 인간의 잠재 능력이 얼마나 계발되는가에 따라 그 산물인 문화의 수준이 달라질 수 있다고 보았다. 결국 문화는 이성과 합리성의 기준에 따라 서열을 매길 수 있었다.

　　계몽사상과 고고학의 영향을 받은 문화진화론자들은 특히 문화의 서열을 발달 단계로 구분했다. 또한 이런 발달 단계가 모든 민족에게 보편적으로 적용된다고 보고, 인류 문화의 보편사를 재건하는 작업을 시작했다. 그 결과 세계 각지에 흩어져 있던 같은 시대의 문화적 변이들이 지역에 상관없이, 이성 혹은 합리성의 수준에 따라 미리 설정된 단계, 이를테면 야만, 미개 그리고 문명의 단계에 귀속되었다. 그 과정에서 문화진화론자들은 야만 혹은 미개 단계에 속한 부족들이 이미 과거로 흘러가버린 인류 사회의 원시 단계를 추론하는 데 참고 자료일 뿐이라고 생각하지 않았다. 그들은 미개 단계에 속한 부족들이 비록 같은 시대에 공존하고 있을지라도, 인류 사회의 발달 과정에서 실제로 원시 단계에 있는 살아 있는 화석이라고 간주했다.

그러나 문화진화론자들은 인류 문화의 보편사를 재건하면서 어떤 문화적 변이가 어떤 단계에 귀속되어야 하는가에 관한 객관적인 기준을 제시하지는 못했다. 이런 점에서 그들의 판단은 다분히 자의적이며 자문화 중심적(ethnocentric)인 편견에 치우쳤다는 비판을 받았다. 다만 그들은 나름대로 자신의 작업을 정당화할 수 있는 수단을 가지고 있었는데, 바로 문화잔재(cultural survivals)의 개념이었다. 이를테면, 미개 단계의 문화권에서 이미 야만 단계에 귀속되었던 문화적 변이가 나타난다면, 그것은 문화가 다음 단계로 나아갔음에도 불구하고 아직 사라지지 않은 잔재로 간주될 수 있다는 것이다. 문화진화론자들은 유럽 문명권에도 수없이 나타나는 이러한 문화잔재를 개혁하거나 타파할 대상으로 삼았고, 이런 점에서 문화진화론은 개혁적인 성격을 지니기도 했다.

또한 문화진화론자들은 대체로 어떤 문화가 왜 야만 혹은 미개 단계에 머물러 있었는가에 대해 의문을 품지 않았다. 그들은 발달생물학의 모델을 빌려와, 이성 능력은 원형(primordial germ) 상태에서 내적인 발달 과정을 거쳐 점차 분화한다고 생각했다. 특히 문화의 단계별 진화는 이성 능력의 발달에 상응하는 문화의 창조라는 과정을 통해서 이루어진다고 보았다. 결국 야만이나 미개 단계의 문화는 내버려 두더라도 자연스럽게 발달 단계를 거쳐 문명으로 변해갈 것이라고 여겼다. 이렇듯 모든 민족의 문화가 보편적인 발달 단계를 거쳐 진화한다고 보는 시각의 밑바탕에는 인류 심성의 단일성(the psychic unity of mankind)이란 전제가 자리 잡고 있었다. 이런 점에서 문화진화론자들은 복수기원설이나 인종주의를 배격했던 셈이다. 다만 그들은 문명 단계의 유럽 민족이 저급한 단계에 있는 민족들에게 문명의 혜택을 주어서 문화가 빠르게 발달할 수 있도록 해야 한다는 온정적 간섭주의의 자세를 취함으로써 식민주의를 옹호했다.

문화진화론이 부상하면서, 민족학은 더욱 쇠퇴할 수밖에 없었다. 그런 가운데 그 동안 주로 두개골을 비롯해서 인류의 체질적 측면을 다루던 인류학이 연구 대상을 문화 부문으로 확대하면서 이민족을 연구하게 되었다. 그 결과 문화진화론적 연구는 주로 인류학의 틀 안에서 이루어졌다.5) 문화진화론적 연구는 특히 모건이 『인류가족의 혈연과 인척 관계의 체계』의 초고를 스미스소니언 협회에 제출한 1865년에 활발하게 이루어졌다. 또한 같은 해에 러복의 『선사시대*Pre-historic Times*』, 타일러Edward Tylor의 『인류 초기 역사의 탐구*Researches into the Early History of Mankind*』, 맥레넌John McLennan의 『원시혼*Primitive Marriage*』이 발간됨으로써 더욱 확산되기 시작했다.

메인과 멕레난

그러나 고대사회 혹은 인류사회의 원형에 대한 관심은 문화진화론이 확립되기 전에 이미 일어났다. 1861년, 케임브리지 대학교의 민법학 교수인 메인Henry Maine은 『고대법*Ancient*

Law』이라는 책을 발간했다. 그는 이 책에서 고대 로마법과 게르만족의 민속을 근거로 해서 인류 사회의 원형을 탐색했다. 그는 특히 인류 사회가 초기 단계에서는 가부장제 가족의 단위로 구성되었다고 보았다. 여기서 가장은 가족 성원들의 생사여탈권을 가질 정도로 절대 권한을 행사했다. 그렇지만 가부장제 가족들이 사회적 진화를 거치면서 점차 병합되어 씨족을 구성했고, 나아가 씨족들은 부족으로, 그리고 부족들은 연맹체로 합병되었다. 그 결과, 메인에 따르면, 원래 가부장적 권한에 예속되었던 개인이 점차 권리와 시민권을 얻어 사회적 계약에 따라 행동할 수 있게 되었다. 즉, 지위에서 계약으로 사회 변화가 일어났다는 것이다.

이처럼 메인은 인류 사회가 가족에서 출발했고 또 그 가족은 가부장적 이념에 따라 조직되었다고 주장했다. 그런데 1861년 같은 해에 발간된 『모권*Das Mutterrecht*』이란 책에서 독일의 법률가인 바호펜J. Bachofen은 그리스를 비롯한 고대사회의 신화를 바탕으로 여성이 초기 인류 사회를 지배했다는 모권제(matriarchy) 사회론을 제기했다. 그의 책은 당시 영국에 잘 알려지지 않았다. 그렇지만 1865년에 역시 법률가였던 맥레난이 그와 유사한 이론을 독자적으로 제기했다.

맥레난은 『원시혼』에서 메인의 이론을 반박하면서, 새로운 인류 사회의 진화 모델을 제시했다. 이 모델에서 초기 인류 사회의 모습은 각 집단이 생존 경쟁을 하는 와중에 대규모로 여아 살해를 자행하는 것으로 나타났다. 여아 살해는 이미 북인도에서 실제로 발견된 풍습이었고, 당시 유럽의 많은 지성인들은 원시 사회에서도 이 풍습이 자주 자행되었을 것이라고 추측했다. 대규모로 여아 살해를 자행한 집단은 필연적으로 여성 배우자를 밖에서 찾을 수밖에 없었다. 맥레난은 족외혼(exogamy)이란 어휘를 직접 만들고, 그것이 이 같은 상황에서 유래되었다고 생각했다. 다만 그는 밖에서 배우자를 조달하기 위해 강제로 여성을 납치했을 것이라고 보았다. 실제로 신부를 납치하는 풍습이 포함된 혼인 의례가 여러 지역에서 이미 보고 되었는데, 그는 이것을 문화잔재로 간주했다.

여하튼 여성 배우자는 여전히 부족했기 때문에 각 집단의 남자 성원들은 납치한 배우자를 공유할 수밖에 없었다. 맥레난은 이로부터 조악한 일처다부제(polyandry)의 풍습이 비롯되었다고 추정했다. 그런 상태에서 부자녀 관계(paternity)는 모호했고, 혈연관계는 여성을 통해서 확립될 수밖에 없었다. 즉, 모계(matriliny)만이 인지된 것이다. 그러나 일처다부제가 훨씬 정교해지면서, 형제들이 특정 배우자를 공유하는 이른바 티베트 유형의 일처다부제가 생겨났다. 그러면서 점차 한 일단의 형제로부터의 출계관계가 사회적으로 구분되었고, 어느 정도 부자녀 관계가 인지될 수 있었다. 또한 일처다부제는 형제연혼으로 발전하기도 했다. 형제연혼이란 형제 가운데 한 사람이 죽으면 형수 혹은 제수와 혼인하는 방식이다. 그렇지만 맥레난은 여기서 더 중요한 변화가 나타났다고 보았다. 즉, 경제 발전의 결과 재산 상속에 대한 규칙이 필요했던 것이다. 이런 상황에서 가족 안에서 부자녀 관계를 더욱 분명하게 할 필요가 있었고, 그 결과 남성을 통해 혈연관계를 추적하는 부계가 비로소 확립되었다고 생각했다.

이처럼 맥레난은 인류 사회가 처음부터 부족 단위로 구성되었고, 부족은 점차 모계 씨족으로 분화한 뒤 나중에 부계 가족으로 진화했다고 주장했다. 이것은 인류 사회가 가족에서 씨족, 부족, 그리고 국가 순서로 발전했고, 특히 가족은 원래 가부장적으로 조직되었다는 메인의 이론을 근본적으로 뒤집은 것이었다. 그 결과, 유럽의 지성인들 사이에서는 인류 사회의 원형이 모권제 사회인가 혹은 가부장제 사회인가를 놓고 논쟁이 일어났다.

매킬베인의 영향

아쉽게도 모건은 『인류가족의 혈연과 인척 관계의 체계』의 초고를 마무리했을 당시까지도 이런 논쟁을 접하지 못했다. 이와는 별도로 매킬베인은 모건이 발견한 친족 호칭의 유형이 지닌 의미를 발굴하기 시작했다. 이미 언급했듯이, 모건이 초고를 제출하기 전인 1864년에 이미 그는 아내를 공유했던 부족들의 역사적 사례를 인용하면서, 난교 혹은 집단혼의 방식이 타밀족이나 아메리카 인디언의 친족 호칭을 설명하는 데 도움을 줄 수 있음을 모건에게 알려주었다. 이에 대해 모건은 그러한 혼인 방식들을 실제로 본 적도 없을 뿐 아니라, 그것은 말레이 유형을 설명할 수 있을지 모르지만 튜란 혹은 가노와니아 유형은 설명하지 못한다고 판단했다.

이런 상태에서 1866년 매킬베인은 또 다른 해결의 실마리를 발견하고, 모건이 발족한 연구 모임인 "더 클럽"에서 이 내용을 발표했다. 그것은 하와이의 호칭 방식에 관한 것이었다. 모건에 따르면, 하와이에서 형제의 아내들은 서로 '푸날루아pu nalua'라고 부르는데, 자매의 남편들 또한 서로 그렇게 불렀다. 이는 우리나라에서 며느리들과 사위들이 서로를 '동서'라고 부르는 것과 마찬가지다. 모건은 하와이의 친족 호칭 자료를 제공한 앤드루즈Lorrin Andrews 판사가 그 호칭은 실제로 형제가 서로의 아내들과 동거하고 또 자매가 서로의 남편들과 동거했던 과거 혼인 풍습에서 유래했을지 모른다고 추측했음을 언급하기도 했다. 이것은 우연히도 우리말의 동서라는 어휘에 함축된 의미를 떠올리게 하는데, 실제로 '푸날루아'라는 어휘는 친밀한 동반자나 친구를 가리키는 의미로도 쓰였다. 여하튼 앤드루즈의 추측은 과거에 형제들이 아내를 공유한 일처다부제와 자매들이 남편을 공유한 일부다처제가 복합된 듯한, 남매들 사이에 집단적 통혼이 존재했을 가능성을 알려주는 것이었다. 모건 자신은 처음에 그의 추측을 일축했다. 반면에 매킬베인은 그처럼 한 무리의 남매들이 함께 살면서 집단으로 난교를 한다면, 자녀의 입장에서 친족 호칭은 F=FB=MB 그리고 M=MZ=FZ가 될 수 있다고 생각했다. 즉, 직계친이 아닌 어떠한 방계친도 존재할 수 없기 때문에 말레이 유형의 친족 호칭이 생겨날 수 있다는 것이다.

　더욱이 집단혼 방식을 유지한 채 형제와 자매가 동거를 하지 않고 오히려 외혼제를 따를 경우, 그 결과는 달라질 수 있다. 이 경우 친족 호칭은 M=MZ≠FZ 그리고 F=FB≠MB로 나타날 수 있다. 즉, 부모의 이성 형제자매인 MB와 FZ는 '아버지'나 '어머니'가 아닌 '아저씨' 혹은 '아주머니'로 따로 구분해야 했기 때문이다. 그렇다면 남매의 근친상간 금기는 튜란 혹은 가노와니아 유형이 만들어진 원인을 밝혀주는 열쇠일지도 모르는 것이다.

　나아가 매킬베인은 가노와니아 유형과 달리 타밀족을 포함한 드라비다 어계의 부족들에서 나타난 친족 호칭의 특징은 교차사촌혼(cross-cousin marriage)의 풍습을 통해서 설명할 수 있다고 생각했다. 타밀족에서 교차사촌 즉, MBC와 FZC(C=Child=Son+Daughter)의 자녀들에 대해서, 자기(Ego)가 남성일 때 여자 교차사촌의 자녀들을 자기 자녀들과 똑같이 불렀고, 또한 자기가 여성일 때 남자 교차사촌의 자녀들 또한 자기 자녀들과 똑같이 불렀다. 이와 달리 이러쿼이족을 포함한 가노와니아 유형에서는 자기가 남성일 때 남자 사촌의 자녀들을 모두 자기 자녀들과 똑같이 부른 반면, 여자 사촌의 자녀들은 '조카'(nephew 혹은 niece)로 구분했다. 여기서 모건은 아직 자기의 사촌이 평행사촌(parallel), 즉 FBC 혹은 MZC일 경우와 교차사촌일 경우 각각 그들의 자녀가 자기의 자녀 그리고 자기의 조카로 구분된다는 사실을 제대로 파악하지 못했다. 그런 사실은 미뤄두고, 매킬베인은 타밀족에서 나타나는 친족 호칭의 특징을 이른바 교차사촌혼 풍습을 통해 설명할 수 있다고 본 것이다.

마침내 모건은 매킬베인이 제안한 이론을 심각하게 받아들이지 않을 수 없었다. 그는 뒤늦게 맥레난의 『원시혼』을 탐독하면서, 자료를 다시 해석했다. 그 결과, 친족 호칭이 민족의 기원을 추적하는 데뿐만 아니라, 과거의 혼인 풍습이나 가족 조직을 밝혀주는 데 유용하다고 판단했다. 그렇지만 그는 성서를 근거로 한 인류 기원의 연대기를 포기해야 했고, 오히려 문화잔재의 도구적 쓰임새에 집중했다. 그는 1867년에 본격적으로 초고를 고치기 시작했다.

추측의 역사학

『인류가족의 혈연과 인척 관계의 체계』의 수정본은 3부로 줄어들었다(표 3 참조). 또한 모건은 헨리의 지적을 받아들여서 친족 호칭에 관한 논의의 순서를 바꾸었다. 어군의 분류는 초고와 똑같다. 그렇지만 모건은 자연체계와 인공체계의 구분을 포기하고, 친족 호칭 자료를 기술체계와 유별체계로 나누어 제시했다. 이는 인공체계가 혈연관계를 혼동하거나 지적 능력이 낮아서 생긴 착오가 아니라, 실제 혈연관계를 반영한 것이라는 새로운 전제에서 비롯된 것이다. 이런 관점에서 그는 친족 호칭이라는 문화잔재를 통해서 과거 혼인 풍습과 가족의 모습을 연역하는 '추측의 역사학(Conjectural History)'을 시도했

I. 기술체계 : 아리안, 셈, 우랄 어군
  1. 서론
  2. 관계체계의 일반적 고찰
  3. 아리안 어군의 관계 체계
  4. 아리안 어군의 관계체계(계속)
  5. 셈 어군의 관계체계
  6. 우랄 어군의 관계체계

II. 유별체계 : 가노와니아 어군
  1. 가노와니아 유형의 관계체계
  2~6. 가노와니아 유형의 관계체계(계속)
  7. 에스키모족의 관계체계

III. 유별체계: 튜란, 말레이 어군
  1. 튜란 유형의 관계체계
  2~3. 튜란 유형의 관계체계(계속)
  4. 미분류 아시아 민족의 관계체계
  5. 말레이 유형의 관계체계
  6. 결론

〈표 3〉『인류가족의 혈연과 인척 관계의 체계』의 수정본 차례.
출전 : Lewis Henry Morgan, *Systems of Consanguinity and Affinity of the Human Family*,
   Lincoln: University of Nebraska Press, 1997, pp.v–vi.

다. 추측의 역사학은 주로 하와이 풍습을 근간으로 이루어졌
다. 모건은 교차사촌혼이 하와이 풍습의 한 가지 변이일 뿐이
라고 보고, 그것에 특별한 의미를 부여하지는 않았다. 덧붙여,
초고의 4부에서 아시아 기원설을 뒷받침하기 위해 덧붙이려
고 했던 지리와 문화에 대한 자료는 아예 빼버렸다. 오히려 모
건은 친족 호칭에 대한 논의를 마무리하면서, 인류가족의 진
화 단계를 요약해서 제시했다(표 4 참조). 여기서 그는 문화진화
론자들과 마찬가지로 인류가족의 진화는 도덕적 진보에 따라

45

1. 난교
2. 남매의 통혼 혹은 동거
3. 공동체 가족(제1단계 가족)
4. 하와이 풍습, 다음을 낳고
5. 말레이 유형의 유별체계
6. 부족의 조직화, 다음을 낳고
7. 튜란 및 가노와니아 유형의 유별체계
8. 개별적인 짝짓기, 다음을 낳고
9. 미개 가족(제2단계 가족)
10. 일부다처제, 다음을 낳고
11. 가부장제 가족(제3단계 가족)
12. 일처다부제
13. 재산의 직계 승계의 정착과 더불어 재산 증가, 다음을 낳고
14. 문명 가족(제4 그리고 마지막 단계의 가족)
15. 유별체계의 전복과 기술체계로 대체

〈표 4〉 『인류가족의 혈연과 인척 관계의 체계』에 나타난 인류가족의 진화 단계.
출전 : Lewis Henry Morgan, *Systems of Consanguinity and Affinity of the Human Family*,
　　　Lincoln: University of Nebraska Press, 1997, p.480.

이루어졌다고 보았다. 또한 그는 인류 사회 초기에 각 집단의
구성원들이 난교(promiscuous intercourse)를 자행했다고 가정했다.
비록 그는 난교를 자행하는 부족의 사례를 본 적은 없지만, 그
런 상황이 다음 단계에 나타난 가족 형태들에 비추어 볼 때
필요했다고 본 것이다.

　모건의 진화 모델에 따르면, 인류 사회 초기에 난교를 한
집단은 점차 분화하면서 부녀와 모자 사이에 근친상간 금기를
도입했다. 그 결과, 남매들이 집단으로 혼인해서 동거하는 풍
습이 나타났다. 모건은 이 풍습이 실제로 일어난 사례는 발견

되지 않았지만 과거에는 존재했을 것이라고 보고, 그것을 하와이 풍습(the Hawaii custom)이라고 불렀다. 하와이 풍습은 인류 가족의 1단계인 공동체 가족(the communal family)을 낳았고, 말레이 유형의 유별적인 친족 호칭체계를 발전시켰다. 그러다가 부족의 조직화가 일어나면서 남매 사이에 혼인이 금지되고 씨족 사이에 외혼을 하는 풍습이 나타났다. 그 결과, 친족 호칭은 튜란과 가노와니아 유형으로 바뀌었다. 그러다가 씨족 집단 안에서 남녀 한 쌍끼리 혼인하는 성향이 나타나면서, 인류 가족은 2단계인 미개 가족(the barbarian family)으로 발전했다. 그러면서 부자녀 관계는 어느 정도 명확해졌다. 그렇지만 미개 가족은 여전히 씨족 공동체에 예속된 일부분이었다. 그런 가운데 형제 중에서 부와 권력을 장악한 인물이 일부다처제를 하면서, 인류가족은 3단계인 가부장제 가족(the patriarchal family)으로 발전했다. 그렇지만 일부다처제에서는 오히려 여성 배우자의 수가 줄어들었다. 그로 인해 부와 권력이 없는 다른 형제들은 아내를 공유할 수밖에 없었고, 그 결과 일처다부제가 나타났다. 이런 변화 속에서 모건은 가족 재산이 점차 늘어났다고 보았다. 재산이 생기고 또 점차 늘어나자 누군가에게 상속을 해야 했다. 그러자 직계 상속의 규칙인 부계 원리가 생겨났다. 또한 그것은 부족이나 씨족의 영향력을 줄어들게 한 반면, 가족의 독립성을 더욱 강화했다. 마침내 부계 재산을 중심으로 개별화되고 가족의 성을 따로 갖는 일부일처제의 문명가족(the civilized family)이 마지막 단계에서 나타났다. 그러

면서 부족 문화의 잔재인 유별체계는 점차 사라졌고, 기술체계로 바뀌었다.6)

이처럼 모건은 모권제 혹은 모계제(matriliny)가 가부장제 가족보다 먼저 인류 사회의 진화 과정에서 나타났다는 맥레난의 주장에 동의했다.7) 그렇지만 모건과 맥레난은 그것이 어떻게 기원했는가에 관해서는 의견이 달랐다. 맥레난은 집단의 외혼 풍습이 일종의 집단 사이의 경쟁이나 전쟁에서 비롯되었다고 보았다. 그래서 여성 배우자를 강제로 납치했다고 생각했다. 이에 반해 모건은 근친상간이 해롭다는 이성적 자각과 도덕이 진보한 결과, 외혼 풍습이 자연스럽게 나타났다고 보았다. 또한 그는 이 같은 도덕의 진보가 문명가족으로 진화하는 데 전환점을 마련하는 중요한 계기가 되었다고 주장했다. 또한 맥레난은 혼인의 원형이 일처다부제였다고 본 반면, 모건은 그것이 인류가족의 진화에서 뒤늦게 나타났으며 단지 가부장제의 부산물일 뿐이라고 생각했다.

1867년에 모건은 원고 수정 작업을 마무리하고, 수정본을 스미스소니언 협회에 다시 제출했다. 모건이 수정한 원고는 두 번째 심사를 받았다. 그리고 1868년에 마침내 원고를 책으로 발간할 것을 공식으로 승인받았다. 그렇지만 모건의 원고는 3년이 지난 1871년에야 발간되었다. 『인류가족의 혈연과 인척 관계의 체계』는 600쪽에 달했고, 그중 200쪽은 친족 호칭 자료의 표들로 구성되었다. 또한 이 책은 스미스소니언 협회가 발간한 가장 비싼 책으로 기록되었다.

인류학계의 반응

『인류가족의 혈연과 인척 관계의 체계』는 긍정적이든 부정적이든, 당시 인류학계에 큰 반향을 일으켰다. 여하튼 모건은 이 책에 대해 상당한 자긍심을 느꼈다. 1870년, 모건이 인류학의 터전인 영국을 방문했을 때는 아직 책이 발간되기 전이었다. 사실 그는 발간이 자꾸 늦어지자 조바심을 냈다. 다행히 1870년 가을에 영국 인류학회 회장인 러복은 신간 견본을 받아 보고 아주 좋은 평가를 내렸다. 또한 그는 모건이 잠시 유럽 대륙을 방문한 1871년 2월에 인류학회에서 「친족관계의 발달」이란 제목의 긴 논문을 발표함으로써, 모건의 업적을 소개했다. 영국으로 다시 돌아온 모건은 그 사실을 알았고, 더욱이 학수고대하던 자신의 책을 런던도서관에서 처음으로 직접 볼 수 있었다. 게다가 모건은 러복뿐 아니라 인류학의 거장들인 메인과 맥레난, 심지어 다윈과 헉슬리의 환영을 받았다. 특히 러복은 고고학 자료에 나타난 인류의 물질문화의 진화가 정신적 진화에도 반영되었을 것이라고 보고, 모건과 맥레난이 제기한 혼인과 가족의 진화 이론에 상당한 관심을 보였다.

그러나 모건의 이론에 대한 영국 인류학계의 반응이 전부 좋은 것만은 아니었다. 우선 다윈은 1871년에 발간한 『인간의 유래Descent of Man』에서 그 당시 많은 인류학자들이 인정하고 있던 인류 사회의 원형이 무차별적인 난교의 상태였다는 전제와는 다른 의견을 표명했다. 그는 모든 동물계에 보편적으로 나타나는 질투의 본능과 그 강도에 비추어 볼 때 그런 상태는 말도 안 되는 것이며, 오히려 일부일처의 관계나 일부다처의 관계였을 것이라고 주장했다.

더욱이 모건의 이론은 맥레난이 주장한 인류 사회의 진화 모델을 뒤집는 것이기 때문에 맥레난은 더욱 거세게 비판했다. 1876년, 맥레난은 인류 사회의 초기 단계에서 어머니를 다른 여인들과 구분하지 못했다는 것은 생각할 수 없다고 비난했다. 그가 보기에 모자녀 관계는 인류 사회의 가장 원초적인 사회관계일 뿐만 아니라, 모권제 사회가 성립하는 기본 조건이었다. 또한 방법론에서도 그는 친족 호칭 체계에서 사회 조직의 형태를 연역하는 것은 불합리하다고 지적했다. 오히려 그는 유별체계가 단지 상호 호혜적인 언어적 호칭에 불과하다고 보았다. 심지어 러복은 나중에 모건의 이론이 흥미롭기는

하지만, 점차 설득력을 잃어 학자들이 무시할 것이라고 예견했다.

뒤늦게 타일러는 모건과 맥레난의 상충된 이론에 대한 절충안을 제시하고 나섰다. 1888년, 타일러는 혼인과 출계의 법칙과 관련된 사회제도의 발달을 조사하는 방법을 연구한 논문에서 우선 출계, 가족 안의 권위, 지위 승계, 그리고 재산 상속을 기준으로 그 당시까지 논란이 되었던 모권제와 부권제 혹은 가부장제를 더 적합한 어휘인 모자녀(maternal)와 부자녀(paternal) 원리 혹은 모계와 부계로 바꾸었다. 왜냐하면 신화에 나와 있는 자료를 빼면 실제로 모권제 사회가 있었다는 사실을 밝혀줄 자료가 없었기 때문이다. 이런 바탕 위에서 그는 모자녀 원리가 부자녀 원리보다 먼저 진화했음을 통계학적 방법으로 입증하려고 했다. 그리고 무엇보다도 족외혼이 적대적인 부족 사이에 여성 배우자를 납치한 결과 형성된 것이 아니라, 서로 다른 씨족이나 부족들 사이에서 통혼을 통해 유대관계를 단단히 하려는 과정에서 파생된 것임을 지적했다. 그러고 나서 타일러는 남매 사이에 혼인은 금지하지만 그들의 자녀 사이에는 혼인을 허용한 21개 부족들을 주목했다. 그는 이것을 교차사촌혼이라고 직접 이름 붙이고, 가장 단순한 형태의 족외혼으로 간주했다. 나아가 교차사촌혼과 유별적인 친족 호칭 체계 사이에 밀접한 상관관계가 있다는 가설을 제시하고, 이것을 통계학으로 뒷받침하려고 했다. 요컨대, 타일러는 모건과 맥레난의 이론이 다른 주장을 하는 것이 아니라 같은 이론을 서로 다른 측면에서 접근한 것이라고 평가했다.

인류가족의 역사에 대한 논쟁은 19세기 내내 벌어졌고, 심지어 그 뒤에도 지속되었다. 그 과정에서 특히 주목할 만한 인류학자들은 피슨Lorimer Fison과 호윗Alfred Howitt이다. 그들은 다른 인류학자들이 안락의자에 편히 앉아 사변적인 추론을 했던 것과 달리, 직접 현지 조사를 하는 방법으로 인류학에 입문했다. 사실상 메인이나 바호펜, 심지어 맥레난조차도 실제 로 현지 조사를 하지 않고 오로지 문헌 자료에 의존한 반면, 설문조사를 포함해서 현지 조사를 한 모건의 방법론은 단연 놀라운 것이었다. 이런 맥락에서 철저하게 현지 조사를 한 피슨과 호윗의 연구는 모건의 방법론을 계승한 것으로 볼 수 있다.

피슨은 남태평양 피지 섬에서 감리교 목사로 재직했고, 호윗은 오스트레일리아의 경찰 행정관이면서 관리자였다. 그들은 일찍부터 모건과 편지를 주고받으면서 모건이 자료를 수집하는 데 도움을 주었다. 모건이 원고를 마감했을 때, 뒤늦게 그들이 보낸 피지 섬과 통가 섬의 친족 호칭 자료가 도착해서, 책 부록에 실리기도 했다. 또한 모건의 이론이 영국 인류학계에서 비판을 받을 때 그들은 오히려 적극 지지하고 현지 조사를 통해서 그의 이론을 뒷받침하려고 했다. 그들은 특히 오스트레일리아의 혼인 범주와 친족 호칭체계를 집중 조사했고, 여기서 얻은 구체적인 자료를 바탕으로 모건의 이론이 합당하고 맥레난의 비판이 부당하다는 것을 규명하려고 했다. 아쉽게도 그들의 주장은 그다지 세간의 주목을 받지 못했다. 그렇지만 그들이 수집한 자료는 인류학자들의 관심을 끌기에 충분했다. 또한 타일러가 모건과 맥레난의 이론을 절충하기 위해 활용한 오스트레일리아와 멜라네시아 자료는 그들이 조사한 자료가 대부분이었다. 또 모건을 따라 특정한 테제를 입증하기 위해서 현지 조사를 해서 구체적인 자료를 수집한 그들의 연구 방식은 후학들에게 귀감이 되었다. 실제로 그들의 자료와 연구 방식은 20세기 초 리버스W. H. R. Rivers와 래드클리프 브라운A. R. Radicliffe-Brown의 후속 연구로 이어짐으로써, 친족 연구를 활성화하는 중요한 계기가 되었다. 특히 리버스는 모건의 방법론을 추종하면서 남아시아와 멜라네시아의 친족 체계를 직접 조사하고 그 변이를 통해서 멜라네시아의 역사적 변화를 추론했다. 또한 래드클리프 브라운은 오스트레일리아의 부족들을 조사해 친족 체계의 다양한 유형들을 수립했다. 그들의 연구 방식은 모두 모건의 연구를 본받은 것으로, 나중에 영국 인류학계에서 사회인류학이 자리 잡는 데 크게 기여했다.

요컨대, 모건의 저술은 처음으로 인류학에서 진지한 이론적 쟁점을 이끌어냈고, 또한 인류학자들이 현장 조사를 해서 자료를 수집하는 전통을 만드는 계기가 되었다. 실제로 그의 연구 업적은 친족 연구가 인류학의 중심에 설 수 있는 계기를 마련했고, 실제로 친족을 창조했다는 평가를 받기에도 손색이 없을 정도다.

『고대사회』의 완성

　　모건의 『인류가족의 혈연과 인척 관계의 체계』는 문화진화론의 대표적 저술인 러복의 『문명의 기원*The Origin of Civilizations*』 (1870)과 타일러의 『원시문화*Primitive Culture*』(1871) 사이에 발간되었다. 책이 나올 즈음 영국을 방문한 모건은 자연스럽게 그 당시 인류학계를 지배하고 있던 문화진화론을 알게 되어, 이 이론을 적극 받아들였다. 그러자 그를 비판하는 목소리가 거세게 일어났지만, 문화진화론의 틀 안에서 인류 문화의 진화를 더 포괄적으로 그려 나갈 계획을 세웠다.

　　당시 문화진화론의 거두인 러복과 타일러는 모두 기술 문화의 발달이 진보적인 방향으로 이루어졌고, 이러한 발달이 인류 역사의 정신적 부문에서도 마찬가지로 이루어졌을 것이라고 생각했다. 이런 관점에서 타일러는 종교의 진화에 관심을 집중했다. 반면에 모건은 인류 역사에서 전개된 다양한 물질문화의 발달과 병행해서 정부 개념의 발달(the growth of the idea of government), 가족 개념의 발달(the growth of the idea of the family) 그리고 재산 개념의 발달(the growth of the idea of property)을 차례로 논의하려고 했다. 이러한 시도는 모건의 새로운 저술인 『고대사회*Ancient Society: Researches in the Lines of Human Progress from Savagery through Barbarism to Civilization*』(1877)에서 구체적으로 나타났다.

우선 모건은 야만–미개–문명 단계로 이루어진 문화진화론의 구도를 받아들였다. 그리고 물질문화를 기준으로 해서 야만과 미개 단계를 각각 세 단계로 세분해, 인류 문화의 진화를 일곱 개의 민족 시대(ethnical periods)로 나누었다(표 5 참조).

이렇게 민족 시대를 구분한 뒤, 모건은 정부나 정치조직의 발달을 다루기 시작했다. 그는 친족과 지위를 기초로 하는 사회에서, 영토와 재산 그리고 계약을 기초로 하는 사회로 진화한다는 메인의 학설을 그대로 받아들였다. 또한 그로트George Grote가 이미 고대 그리스 사회의 연구에서 제시한 씨족(the gens), 씨족연합(the phratry), 부족(the tribe), 그리고 부족연맹(the confederacy)의 유형을 보편적인 정치조직의 발달 단계로 채택했다. 모건은 이러한 유형들이 모두 성별과 친족 관계, 즉 개인 관계를 기초로 해서 형성된다고 보았다. 이와 달리 그는 같은 지역에 있는 부족들이 결국 결합함으로써, 영토를 기초로 한 단일민족의 정치조직을 구성하고 부족연맹을 대체한다고 생각했다.

1. 야만 단계 초기 : 인류가 나타나면서 함께 시작되었고, 어족 자원을 얻거나 불을 이용하기 직전에 끝났다. 인류는 오직 제한된 지역에서만 살았고, 주로 과일과 견과류를 식량으로 삼았다. 분절적 언어도 이때부터 사용했다.

2. 야만 단계 중기 : 활과 화살을 사용하기 직전에 끝났다. 인류의 주거 지역이 넓어졌다. 이 단계에 속하는 현존하는 민족들에는 오스트레일리아 원주민과 폴리네시아 일부 원주민들이 있다.

3. 야만 단계 후기 : 토기를 만들기 직전에 끝났다. 이 단계에 속하는 현존하는 민족들에는 북아메리카 아타파스카 부족과 컬럼비아강 계곡의 부족들, 그리고 북아메리카와 남아메리카의 해안가에 거주하는 부족들이 있다.

4. 미개 단계 초기 : 토기를 만드는 법을 알았지만, 아직 음성 알파벳과 문자를 개발하지 못한 단계이다. 동반구에서는 가축을 기르면서, 서반구에서는 옥수수와 다른 작물을 관개 방식으로 재배하고 벽돌이나 석조 가옥을 건축하면서 각기 다음 단계로 발전했다. 미국 미주리강 동부의 인디언 부족들과 유라시아에서 토기 만드는 법을 알았다. 가축이 없는 부족들이 이 단계에 속한다.

5. 미개 단계 중기 : 공통으로 철을 제련하는 기술을 개발하기 직전에 끝났다. 이 단계에는 뉴멕시코, 멕시코, 중앙아메리카, 페루의 촌락 인디언 부족들이 있다. 특히 동반구에서는 가축을 키웠다. 철을 제련하는 법을 몰랐던 부족들이 이 단계에 속한다. 철을 제련하는 법을 알고 있던 고대 브리튼족 또한 이 단계에 속한다.

6. 미개 단계 후기 : 음성 알파벳과 문자를 사용하기 직전에 끝났다. 여기에 속하는 민족들에는 호머 시대의 그리스 부족들, 로마가 확립되기 직전의 이탈리아 부족들, 그리고 카이사르 시대의 독일 부족들이 있다.

7. 문명 단계 : 음성 알파벳과 문자를 사용하면서 문명이 시작되었다. 상형문자도 문명의 출현에 기여했다. 문명 단계는 고대와 현대로 나눌 수 있다.

〈표 5〉 인류 문화의 진화와 민족 시대.
출전 : Lewis Henry Morgan, *Ancient Society*, University of Arizona Press, 1985, pp.12–13.

이것이 바로 진정한 의미의 정부가 나타난 것이라고 할 수 있다.

이러한 정치조직의 발달 과정을 입증하기 위해서 모건은 특히 다섯 민족의 역사 자료와 민족학 자료를 활용했다. 우선 그는 오스트레일리아 원주민이 가장 낮은 단계의 정치조직에 속한다고 보았다. 이것은 당시 학계의 공통된 인식이었다. 그에 따르면, 오스트레일리아 원주민 사회는 남매혼을 하는 단계에서 벗어나서 서로 외혼을 하도록 혼인 범주를 나누었지만 아직 씨족을 형성하지는 못했다. 씨족를 기초로 해서 민주적인 부족연맹을 발달시킨 이러쿼이족은 두 번째 예가 되었다. 나아가 그는 멕시코 아스텍 사회를 세 번째 예로 삼았다. 그런데 스페인의 역사 기록에 따르면, 아스텍 사회는 왕국에 속했지만, 모건은 그것을 단연코 부정했다. 오히려 아스텍 사회는 미개 단계의 중기에 속하고, 단지 이러쿼이 부족연맹이 정교하게 변한 것일 뿐이라고 깎아내렸다.

모건은 다음 단계의 정치조직들로 나아가기 위해 고대 그리스와 로마의 정치조직에 초점을 맞추었다. 고대 그리스와 로마의 정치조직은 모두 씨족 단계에서 벗어나서 영토와 재산을 기초로 한 진정한 정부를 구성했다. 다만 이 두 나라의 정치조직은 모계제인 이러쿼이 씨족과 달리 일찍이 가부장제의 성향을 드러냈다. 이에 대해서 모건은 아메리카 인디언 부족들이 원래 모두 모계 출계를 나타냈지만, 그중에서 일부는 부계로 바뀌었다는 자신의 이론을 다시 적용했다. 아무튼 고대 그리스 사회에서는 민주적인 정부가 발달했다. 반면에 로마 사회는 강압적인 수단을 쓰는 제국으로 발달했다. 모건은 인류 사회의 정치조직이 민주 성향을 따라 발달하고, 이런 성향은 인간 본성에 맞는 것이라고 생각했다. 이에 비추어 그는 로마제국이 상당한 수준의 문명을 이룩했지만, 자연스럽지 못하고 논리적이지 않으며 기괴하다고 평가했다. 덧붙여, 그는 미합중국의 민주 정부를 씨족 조직에 있는 정치 질서가 자연스럽게 펼쳐진 합리적 결과라고 높이 평가했다.

인류가족의 진화와 관련해서, 모건은 『인류가족의 혈연과 인척 관계의 체계』에서 제시했던 모델을 조금 개정했다. 이에 따르면, 인류가족은 5개 단계를 거쳐 진화했다(표 6 참조).

우선 모건은 난교 상태에서 부녀와 모자 사이에 근친상간을 억제함으로써 형성된 첫 번째 단계의 공동체 가족을 혈연가족(the consanguine family)으로 바꾸어 불렀다. 이것은 이전에 하와이 풍습으로 규정했던, 즉 남매들 사이에 맺어진 집단혼의 결과였다. 그러고 나서 그는 각 집단이 남매들 사이에 근친상간을 금지하면서 외혼을 했지만 여전히 집단으로 혼인하는 풍습을 푸날루아 풍습이라고 새롭게 규정했다. 사실 '푸날루아'는 하와이족에서 나타나는, 마치 우리나라의 동서와 같은 쓰임새를 갖는 친족 호칭으로, 이전에 모건이 하와이 혼인 풍습을 밝히는 데 도움을 준 단서다. 그렇지만 여기서 그는 푸날루아 호칭의 쓰임새에만 초점을 맞추어 새롭게 푸날루아 풍습을 이끌어냈고, 그것을 남매들 간에 혼인이 금지된 집단 외혼 방식이라고 규정했다. 다시 말해, 이전의 하와이 풍습은 하와이족의 친족 호칭체계를 포함한 말레이 유형을 설명하기 위해

I. 제1단계
  1. 난교
  2. 집단 안에 남매와 사촌들의 통혼, 다음을 낳고
  3. 혈연 가족(제1단계 가족), 다음을 낳고
  4. 말레이 유형의 관계체계

II. 제2단계
  5. 성별을 기초로 한 조직과 푸날루아 풍습은 남매의 통혼을 억제하면서, 다음을 낳고
  6. 푸날루아 가족(제2단계 가족), 다음을 낳고
  7. 씨족의 조직화는 남매의 혼인을 금지하면서, 다음을 낳고
  8. 튜란과 가노와니아 유형의 관계체계

III. 제3단계
  9. 씨족 조직의 영향력 증대와 기술 향상은 특정 집단을 미개 단계 후기로 발전시킴으로써, 다음을 낳고
  10. 개별적인 남녀 사이에 혼인이 이루어지지만 배타적 동거는 이루어지지 않음으로써, 다음을 낳고
  11. 신디아스미아 가족(제3단계 가족)

IV. 제4단계
  12. 제한된 평야 지역에서 유목생활, 다음을 낳고
  13. 가부장제 가족(제4단계, 그렇지만 예외인 가족)

V. 제5단계
  14. 재산의 증가와 직계 상속의 정착, 다음을 낳고
  15. 일부일처제 가족(제5단계 가족), 다음을 낳고
  16. 아리안, 셈, 그리고 우랄 어군의 관계체계의 출현, 마침내 튜란 유형을 뒤집음.

〈표 6〉『고대사회』에 나타난 인류가족의 진화 단계.
출전 : Lewis Henry Morgan, *Ancient Society*, Tucson: University of Arizona Press ,1985, pp.498–499.

필요했지만, 이번에는 튜란과 가노와니아 유형을 설명하기 위해서 역시 하와이족의 친족 호칭체계에 나타난 푸날루아라는

호칭에서 푸날루아 풍습을 이끌어낸 것이다.

또한 모건은 이것을 통해 형성된 가족 형태를 인류가족의 두 번째 단계로 새롭게 설정하고, 푸날루아 가족(the Punaluan family)이라고 불렀다.

모건은 세 번째 단계로서 씨족의 외혼제 아래 남녀가 개별적으로 혼인함으로써 형성된 미개 가족을 자신이 새롭게 고안한 어휘인 신디아스미아 가족(the syndyasmian family), 혹은 짝짓기 가족(the pairing family)으로 이름을 바꾸었다. 모건은 짝짓기 가족의 모델을 이러쿼이 씨족에서 찾았다. 그렇지만 남녀 사이에 맺어진 개별적인 짝짓기가 문명 단계에서 뒤늦게 나타난 일부일처제와는 다른 것이기 때문에 그 둘은 서로 구분할 필요가 있다고 생각했다. 그는 짝짓기가 비록 개별 남녀 사이에 이루어졌지만, 그 결합은 배타적인 동거 생활을 전제로 한 것이 아니어서 불안정하고 또 씨족에 경제적으로 의존하는 종속적 지위에 있었다고 간주했다.

네 번째 단계로는 역시 이전에 자신이 제시한 가부장제 가족(the patriarchal family)을 제시했다. 그러나 모건은 가부장제가 기술체계를 낳지도 않았고 오히려 인류가족의 진화에서 일탈한 형태라고 보았다. 왜냐하면 민주 성향이 인류 사회의 진화를 이끈다고 본 반면, 가부장제는 이성의 한계를 벗어나서 지나치게 막강한 권한이 가부장에게 집중되었다고 생각했기 때문이다. 그런 만큼 그것은 인류 사회의 진화 후기에 나타난 병적인 형태로 간주했다.

마지막으로 다섯 번째 단계의 가족은 인류가 문명 단계로 들어오면서 비로소 출현했고, 그 형태는 일부일처제 가족(the monogamous family)으로 나타났다.

다음으로 모건은 재산의 발달에 관해 논의했다. 그에 따르면, 소유의 대상은 민족 시대가 진전함에 따라, 특히 기술과 생계수단이 발달하면서 자연스럽게 늘어났다. 그렇지만 기술이 저급한 야만 단계에서는 별다른 재산이 형성되지 않았을 것으로 추정했다. 또한 그 당시 자료를 구하기 어려웠기 때문에 재산이 실제로 어떻게 발달했는지를 제대로 추측할 수 없었다.

반면에 모건은 인류가 씨족을 형성하기 시작한 미개 단계로 접어들면서, 인류 최초로 상속 규칙이 생겼다고 보았다. 그것은 사망자의 재산이나 소유물을 씨족 성원들, 특히 가까운 친족에게 분배하는 규칙이었다. 그렇지만 자녀들은 어머니에게서 상속을 받았을 뿐, 아버지에게서는 받을 수 없었다. 그러다가 원시적인 농경과 낮은 수준의 사육이 확대되면서 가축이나 경작지가 재산이 되었고, 또한 재산의 양도 늘어났다. 이런 상황에서 재산은 대부분 부족이나 씨족의 공동 소유였지만, 씨족 안에서 개별적으로 분배된 개인 재산도 함께 존재했다. 그런 가운데, 재산을 씨족 안에서 분배하던 방식과 더불어 부계 친족들에게만 분배하는 새로운 경향이 나타나기 시작했다. 특히 철기 문화가 발달하면서 기술이 진보하자 경작지와 가축뿐 아니라 교환할 수 있는 물품이 더욱 늘어났고, 이것을 개인이 소유하는 경향이 더욱 커졌다. 그러면서 주로 아버지와 아들이 재산을 만들고 관리를 하게 되었다. 일부일처제는 가족을 개별화함으로써 재산 상속권에서 아들의 입지를 더욱 강화했다. 다시 말하면, 경작지 규모가 작았던 시기에 가축은 부계친들 사이에서 공동으로 소유했던 반면, 경작지 규모가 커지면서 개인 소유가 확대되었고 재산 상속 또한 소유자가 아들에게 우선 배분하는 방식이 확대된 것이다.

마지막으로 모건은 정부, 가족, 그리고 재산의 형태가 서로 다른 사회제도를 자신이 설정한 민족 시대에 통합해 요약하려고 했다. 그렇지만 그는 명확한 결과를 얻지 못했다. 아마도 그 이유는 각 사회제도의 진화를 그려 나가면서 그가 동원한 다양한 자료들이 매우 제한되었거나 많이 왜곡된 것이었고, 심지어 자의적으로 추측한 것이기 때문인 듯하다. 이런 점에서 모건의 『고대사회』는 여전히 '추측의 역사학'을 되풀이한 것에 불과하다는 비판을 피할 수 없을 것 같다. 실제로 후대의 인류학자들, 특히 로위Robert Lowie는 그때까지 수집한 다양한 민족학 자료를 바탕으로 모건의 많은 주장이 잘못되었다는 것을 실증했다.

유물사관^{에 응용}

19세기 후반기, 문화진화론의 패러다임은 산업혁명의 성과를 긍정적으로 인식한 부르주아 지성인들 사이에서만 통용되었던 것은 아니다. 같은 시대에 산업혁명을 비판한 지성인들조차 사회주의 이론, 특히 유물사관을 수립하는 과정에서 시대적 역사관의 패러다임을 벗어나지 못했다. 이를테면, 마르크스와 엥겔스는 인류 사회가 원시공동체 사회 → 노예제의 전제 사회 → 봉건제 사회 → 자본주의 사회 → 사회주의 사회의 단계를 필연적으로 거치면서 진화할 것이라고 주장했다. 다만 그들은 각 단계의 전이가 급진적으로 혹은 혁명에 의해 일어나고, 이러한 발전의 원동력은 계급 갈등에 따른 사회의 내적 모순에서 비롯된다고 보았다.

그런데 마르크스와 엥겔스에게는 두 가지 고민이 있었다. 하나는 자본주의 사회로 이행한 유럽과 달리 중국이 아직도 전제 사회에 머물러 있었던 이유를 설명하지 못한 것이다. 또 하나는 원시공동체 사회에서 어떤 변화가 일어나서 노예제의 전제 사회로 이행했는지 알지 못한 것이다. 원래 마르크스는 원시공동체 사회에서 변화의 원동력이 되는 계급 갈등은 존재하지 않았다고 간주하고 그다지 관심을 나타내지 않았다. 이를테면, 그는 1848년에 발표한 『공산당 선언』에서 현존하는 모든 사회의 역사는 계급 갈등의 역사라고 주장하면서, 계급이 형성되지 않았던 선사 시대의 인류사회는 무시했다. 그렇지만 그는 1846년 『독일 이데올로기』에서 엥겔스와 함께 이미 고대의 전제적인 사회 이전 단계의 부족 공동체 사회를 상정한 바 있다. 더욱이 그 뒤 인류 역사의 시간적 패러다임은 더욱 먼 과거로 연장되었다. 따라서 인류 역사의 대부분을 차지하는 부족 공동체 사회를 인류 역사의 패러다임에서 단순히 제외하는 것은 타당하지 못한 것이었다.

마르크스는 그 당시 인류학자들 사이에서 논의되던 원시 부족에 대한 민족학 자료에 대해 잘 알지 못했다. 이를 보완하기 위해서 그는 나름대로 원시 부족에 관한 민족학 자료를 수집하기 시작했다. 1880년 겨울, 마침내 마르크스는 모건의 『고대사회』를 만났다. 그는 모건의 저술을 읽고 너무도 놀라서, 그의 자료와 이론을 바탕으로 자신의 인류 역사의 패러다임을 보완할 계획을 세웠다. 그 과정에서 모건의 저술을 체계

있게 정리할 필요성을 느껴 98쪽 분량의 기록을 남겼다. 그렇지만 그는 자신의 계획을 엥겔스에게 넘길 수밖에 없었다. 1883년, 마르크스는 세상을 떠났다.

엥겔스는 곧이어 마르크스가 못다 이룬 계획을 시작했다. 그는 모건이 아메리카 원주민 사회를 통해서 유물사관을 나름대로 확립했다고 높이 평가했다. 또한 모건이 가부장제 가족이 출현하기 이전에 원시적인 모권제 씨족이 보편적으로 존재했다는 사실을 현존하는 아메리카 원주민 사회를 비롯해서 고대 그리스와 로마 사회에서 발견한 것에 감탄했다. 엥겔스는 인류 사회의 역사학에서 모건의 발견이 다윈의 진화론이나 마르크스의 잉여가치 이론에 버금갈 만한 중대한 기여를 한 것이라고 비유했다. 다만 그는 모건의 패러다임을 유물론으로 새롭게 해석할 필요가 있다고 생각했다. 특히 재산의 형성과 소유 방식의 변화를 인류가족의 변천뿐 아니라 여성의 지위 문제와 연계해 논의하려고 했다. 그러한 시도는 그 이듬해인 1884년 『가족, 사유재산 그리고 국가의 기원The Origin of the Family, Private Property and the State』이라는 저술로 결실을 맺었다.

엥겔스는 이 책에서 모건이 7단계로 나눈 민족 시대를 그대로 받아들이는 한편, 기술과 생계수단 측면에서 더 명확하게 시대 구분을 하려고 노력했다. 그러고 나서 곧바로 인류가족의 진화를 서술하기 시작했다. 우선 모건이 제시한 혈연 가족과 푸날루아 가족의 역사적 존재를 그대로 받아들였다. 또한 푸날루아 가족으로 변천한 이유는 부모와 자녀 간에 그리고 남매간에 근친상간을 차례로 금지했기 때문이라고 보고, 이를 설명하기 위해서 모건이 말한 다윈의 근친혼 폐해 이론을 그대로 적용했다. 또 엥겔스는 역시 모건의 이론을 따라서 모권제 씨족 안에 인간의 질투 본능이 작용하면서 짝짓기 가족이 성립되었다고 보았다.

그러나 짝짓기 가족이 무너지는 것은 예정되어 있었다. 기술과 생계수단의 발전으로 만들어진 소유제도 때문이다. 엥겔스의 시나리오에 따르면, 미개 단계로 나아간 인류는 특히 가축을 기르면서 사유재산을 형성하기 시작했다. 또한 농경과 야금술은 그동안 무익했던 노예들의 노동이 잉여 생산에 기여할 수 있는 가능성을 열어 놓았다. 그 결과, 상당한 재산을 축적할 수 있었고, 그 재산은 기존의 남성과 여성 노동 분업에 따라 가축을 기르고 노예를 소유한 남자들이 공동으로 소유하는 경향이 나타났다. 이로 인해서 씨족 안 남자들의 입지가 강화되었고, 그들은 전통적인 상속 규칙을 뒤엎고 자녀, 특히 아들에게 그들의 재산을 물려주려고 했다. 그 과정에서 남자들은 자녀, 특히 아들이 그들과 함께 씨족 집단 안에 머물도록 했고, 여자들의 자녀는 각자의 아버지 씨족에 편입시켰다. 결국 부계 씨족이 형성된 것이다.

엥겔스는 씨족 내 남자 성원들의 우월한 입지가 모권제 가족이 일부일처제 가족으로 변화하는 데 결정적으로 기여했다고 생각했다. 그렇지만 그 변화는 가부장제 가족을 거쳐 일어났다. 그에 따르면, 인류가 문자를 기록하기 시작했을 때 함께 나타난 가부장제 가족은 일부다처제를 동반하기도 했지만, 남성의 절대 권한을 전제로 한 것이다. 여기서 아내를 비롯한 다른 가족들은 모두 가장에게 정치적으로 또는 경제적으로 예속되어 있었다. 특히 부자녀 관계를 명확히 하기 위해서는 아내가 반드시 정절을 지켜야 했기 때문에, 아내는 남편에게 무조건 예속되었다.

또한 엥겔스는 모건의 이론을 받아들여서, 문명이 시작되면서 가부장제 가족이 결국 일부일처제 가족으로 변했다고 보았다. 그에 따르면, 일부일처제는 부자녀 관계를 명확히 하려는 것뿐만 아니라, 남성의 우월한 지위를 바탕에 깔고 있었다. 일부일처제 아래서 부부 관계는 짝짓기 결합보다 더 공고해졌지만, 그 관계를 유지하기 위해 여성의 정절만 강조했기 때문이다. 또한 가부장제 가족은 대체로 토지를 함께 경작하고 또 소유한 반면, 일부일처제 가족에서 재산은 가장이 혼자 소유했다. 이런 점에서 일부일처제 가족의 가장은 가부장제 가족의 경우처럼 가족들의 생사여탈권을 갖고 있지는 않았지만, 상대적으로 높은 경제 권한을 갖고 있었던 셈이다.

나아가 엥겔스는 일부일처제 가족이 자본주의 사회에서 두 개의 유형으로 분화되었다고 주장했다. 그것은 부르주아 가족과 프롤레타리아 가족이다. 그에 따르면, 부르주아 가족은 여전히 일부일처제 가족의 권력 구조를 그대로 간직한 것이다. 반면에 프롤레타리아 가족은 기존의 일부일처제 가족에서 남성이 우월한 지위를 가질 수 있게 하는 재산을 소유하지 못했다. 게다가 여성은 산업이 발달하면서 노동 시장에 진출해 가족의 생계를 분담하지 않을 수 없었다. 그러면서 남성의 우월한 지위는 약해지고 말았다. 그 결과, 프롤레타리아 가족의 혼인 관계는 전통적인 일부일처제와는 아주 다르게 나타났다. 그것은 순수하게 성적 사랑을 기초로 한 결합이었다.

모건은 『고대사회』를 마무리하면서, 인류가족의 진화에서 마지막 단계인 일부일처제 가족이 계속 변화할 것인지 자문했다. 결국 모건은 긍정적인 결론을 내렸다. 그는 인류 사회가 과거에 변화했던 것처럼 앞으로도 변화할 것이며, 이에 따라 가족 또한 변화할 것이라고 예상했다. 또한 변화는 사회 체계의 속성으로서, 변화하는 사회는 또한 변화하는 문화를 반영할 것이라고 보았다. 민주주의적 성향을 인간의 본능으로 받아들인 모건은 특히 미래에 일부일처제 가족이 남녀의 평등한 관계를 구현하는 방향으로 진화할 것이라고 예견했다. 만일 그렇지 않다면, 인류 후손들의 운명은 어두워질 수 있다고 경고했다.

엥겔스는 자신의 저술에서 모건의 이러한 예상을 더 현실적으로 구체화하려고 했다. 그는 자신이 구분한 프롤레타리아 가족을 모델로 삼아, 여성을 가사노동과 양육에서 해방하고 생산 현장으로 나아가게 함으로써 여성의 지위를 향상시킬 수 있다고 보았다. 또한 성 불평등의 원천인 사유재산을 모두 공적 재산으로 바꾸면 상속 문제를 근원적으로 없앨 수 있다고 생각했다. 그는 이렇듯 일부일처제의 불평등한 요소들이 모두 제거된 상태에서 개별 가족은 더는 경제 단위체로 존재할 수 없고, 남녀의 혼인 또한 순수한 사랑을 기초로 한 평등한 결합으로 변화될 수 있다고 주장했다.

엥겔스의 주장은 실제로 소비에트 연방 등 사회주의 국가에서 실천함으로써, 20세기 인류 사회에 엄청난 변화를 가져왔다. 하지만 그로 인해 생긴 폐해 또한 커서 사회주의 국가들은 침체에 빠져 결국 무너지고 만다. 이런 맥락에서 보면 모건이 인류 사회에 미친 영향은 간접적이고 또 어쩌면 부정적인 것이었을지 모르지만, 무시하지 못할 만큼 컸음을 부인할 수는 없다. 다만 모건 자신은 엥겔스의 저술이 나오기 전인 1881년에 이미 세상을 떠났다. 만일 정신의 발달이 인류의 문화적 진화의 원동력이라고 생각한 모건이 유물론으로 번안된 자신의 진화 패러다임을 접했다면 어떤 반응을 보였을지 자못 궁금할 뿐이다.

후대의 친족 연구에 미친 영향

20세기 미국과 영국에서 인류학이 발전할 수 있었던 바탕에는 공통으로 19세기 문화진화론에 대한 반발이 있었다. 그렇지만 모건의 친족 연구가 후대에 미친 영향과 관련해서 볼때, 그러한 반발은 조금 아이러니컬하게 전개되었다.

우선 미국에서 일어난 문화진화론에 대한 반발은 보아스 Franz Boas의 주도 아래 문화의 변천 과정을 각 부족마다 실제로 세세하게 조사하는 방식으로 나타났다. 그는 현지 조사를 해서 수집한 자료를 바탕으로 각 부족의 문화사를 재건하고 또 그것들을 비교함으로써, 보편적인 인류 문화의 변천 법칙을 찾아낼 수 있다고 생각했다. 이런 배경에서 미국의 인류학은 19세기 영국 인류학의 대부인 타일러가 학문적으로 처음

정의를 내렸고, 또 인류학의 주요한 연구 대상으로 규정한 문화를 중심 테마로 받아들였다. 또한 미국의 인류학은 문화진화론을 근본적으로 부정하기보다는 방법론적으로 보완하려는 자세를 취했다. 결국 미국에서는 문화인류학이 발전하게 되었고, 역사주의의 패러다임을 받아들이게 되었다.

이와는 달리 영국에서는 사회인류학이 발전했는데, 그중에서도 특히 래드클리프 브라운이 제시한 구조기능주의(Structural Functionalism)의 패러다임을 받아들였다. 그것은 사회 체계의 구성 요소들 간에 나타나는 기능 관계를 통해서 그 구조를 파악하려는 것이었다. 이런 배경에서 타일러의 문화 개념은 배척될 수밖에 없었다. 오히려 영국의 사회인류학은 19세기 미국의 인류학자인 모건의 비교사회학을 모델로 삼았다. 다만 그 과정에서 문화진화론자로서 모건이 지향한 '추측의 역사학'은 배제되었다.

이처럼 인류학이 미국과 영국에서 각자가 추구하려는 목표를 교환하게 된 것은 문화진화론과 모건의 친족 연구에 대해 두 나라의 인류학계가 각각 엇갈린 평가와 비판을 내렸기 때문이다. 또한 이러한 평가와 비판은 향후 두 나라의 인류학계에서 전개될 친족 연구의 경향을 예단했으며, 친족 연구가 인류학에서 차지하는 위상을 고려할 때, 모건의 업적이 20세기 미국과 영국의 인류학 형성에 큰 영향을 미쳤음을 잘 알 수 있다.

우선, 모건의 친족 연구에 대해서 보아스의 첫째 제자인 크로버Alfred Kroeber는 1909년에 그의 방법론을 비판하고 나섰다. 그는 친족 호칭이 혼인이나 가족의 형태를 반영하기보다는 단순한 언어일 뿐이라는 맥레난의 비판에 동의했다. 또한 친족 호칭체계가 종종 기술체계와 유별체계의 속성을 함께 지니고 있을 뿐만 아니라, 혼인이나 가족의 형태와 일관성 있는 관계를 나타내지 않는다는 사실을 지적했다. 반면에 친족 유형(kin type)은 무한한데 비해서 친족 호칭의 종류는 어느 민족에서나 소수에 불과한 사실을 감안할 때, 유사한 관계로 보이는 친족 유형들을 같은 범주에 넣는 것은 자연스러운 일인 듯했다. 이런 관점에서 크로버는 친족 호칭의 의미가 사회적인 것이기보다는 심리적인 것이라고 규정했다. 그는 친족 호칭의 의미를 결정하는 보편적이고 심리적인 요소들에 주목했고, 세대, 연령, 화자話者의 성별, 연계 친족의 성별, 직계/방계, 혈연/혼인 관계의 8개 범주를 제시했다.

사실상 미국에서 문화인류학이 형성된 배경에는 아주 빠르게 사라져가는 인디언 부족들의 문화를 서둘러 기록해야 한다는 사회의 요구가 있었다. 이런 요구에 부응해서 인류학자들은 인디언 부족의 문화를 총체적으로 조사하려고 노력했다. 또한 언어가 문화에서 차지하는 위상을 고려할 때, 그들은 언어에 대한 자료를 수집하는 것도 게을리 할 수 없었다. 이런 배경에서 미국 문화인류학자들은 일찍부터 언어학적 방법론에 관심을 두었고, 이것은 영국 사회인류학자들의 경우와는 매우 대조되는 것이었다. 이에 비추어 볼 때 크로버의 비판은 자연스러운 것이었다고 볼 수도 있다. 나중에 그의 연구는 친족 호칭체계에 대한 언어학적 분석이 친족 연구의 중요한 경향 중 하나로 자리 잡는 데 기여했다. 그렇지만 크로버의 비판은 거꾸로 미국 문화인류학계에서 모건의 친족 연구를 배제하는 데 상당한 영향을 미쳤다.

로위

보아스의 또 다른 제자인 로위Robert Lowie는 역사주의 방법론에 따라 수집한 북아메리카 인디언 부족들의 자료를 비롯해 다양한 민족학 자료를 갖고 있었다. 로위는 당시 미국 문화인류학계에서 민속학 자료에 가장 정통한 인물이었다. 1920년 그는 자신이 보유한 실증적 자료를 바탕으로 문화진화론, 특히 모건의 친족 연구를 체계적으로 비판했다.

로위는 모건의 사회진화 모델에서 원형 단계인 난교부터 비판의 칼날을 들이댔다. 우선 어떤 사회에서도 역사적으로 그리고 민족학적으로 난교가 이루어졌다는 흔적을 찾을 수 없었다고 보고했다. 그가 보기에, 모건의 집단혼도 폴리네시아의 민족학 자료를 종합해서 살펴본 결과 말도 안 되는 주장이었다. 또한 모건은 하와이 부족을 단지 활과 화살이 없다는 이유로 오스트레일리아 원주민과 함께 야만 단계의 초기 사회로 규정했지만, 실제로 하와이 부족이 발견될 당시 이미 전제 왕국의 모습을 나타내고 있었다. 더욱이 씨족이 출현한 다음에 가족이 나타났다는 모건의 주장과 달리, 로위는 핵가족이 인류 사회에 보편적으로 존재한다는 점을 지적하면서 오히려 가족이 먼저 출현했을 가능성이 높다고 판단했다. 나아가 모계 원리가 부계 원리보다 먼저 나타났다는 모건의 주장에 대해서도, 그는 쟁기농경과 부계 그리고 호미농경과 모계가 서로 연계되어 나타나는 경향이 있지만, 두 원리 사이의 발달 관계가 언제나 그렇다는 주장은 민족학적으로 결코 옳지 않다고 보았다. 요컨대, 로위는 모건이 시대를 앞서 나가려는 마음에서 그 당시 민족학 자료가 많이 부족했는데도 그 부분을 채우기 위해 없는 자료를 스스로 꾸며내거나 심지어 상충된 자료를 무시함으로써 사상누각을 지었다고 논평했다.

덧붙여, 로위는 친족호칭에 대한 새로운 분류법을 제시했다. 그는 아저씨와 아주머니의 호칭에 준해서 친족 호칭체계를 직계형, 세대형, 분지방계형, 분지병합형으로 새롭게 분류했다(표 7 참조). 이에 따르면, 직계형은 M ≠ (MZ=FZ), 세대형은 M=MZ=FZ, 분지방계형은 M ≠ MZ ≠ FZ, 분지병합형은 (M=MZ) ≠ FZ로 각각 나타났다. 여기서 직계형과 분지방계형은 모건의 유별체계에 속한 반면, 세대형과 분지병합형은 기술체계에 속했다.

또한 로위는 (F=FB) ≠ MB, (M=MZ) ≠ FZ가 분지병합적인 유형에서 공통적으로 나타나는 반면, 역으로 (F=MB) ≠ FB, (M=FZ) ≠ MZ는 어떤 유형에서도 결코 이루어지지 않는다는 사실에 주목했다. 모건은 이것을 현재는 존재하지 않지만 과

거에는 존재했던 특유한 혼인 방식의 결과라고 풀이했다. 이
와 달리 로위는 그것이 출계 방식에서 비롯되었다고 보았다.
이를테면 부계사회에서 MB는 자기(Ego)와 다른 부계집단에 속
한 반면, F와 FB는 자기와 동일한 부계집단에 속한다. 또한
FZ는 자기와 동일한 부계집단에 속하는 반면, M과 MZ는 다
른 집단에 속한다. 그러나 아쉽게도 이런 논리가 자기와 같은
세대의 친족에게 마찬가지로 적용되지는 않는다. 이를테면 부
계사회에서 FBS와 자기 형제들은 자기와 동일한 부계집단에
속한다. 그런데 그들과 역시 동일한 친족호칭 범주에 귀속되

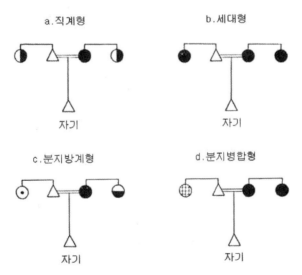

a. 직계형

b. 세대형

c. 분지방계형

d. 분지병합형

자기

〈표 7〉 로위의 친족 호칭체계의 분류. 동그라미는 여성, 삼각형은 남성, 가로선은 형제자매 관계, 세로선
은 부모자녀의 세대관계, 그리고 등호는 혼인관계를 나타낸다.
출전 : Harold Driver, *Indians of North America*, second ed., The Chicago University Press,
1969.

는 MZS는 자기와는 다른 부계집단에 속한다.

이런 배경에서 인류 친족호칭의 분지병합적인 특성을 설명하려는 대안적인 이론이 제기되었다. 그 이론은 형제연혼과 자매연혼이라는 매우 특유한 혼인 방식에 의존한 것이었다. 형제연혼이란 형제 가운데 누가 죽으면 남은 형제가 죽은 형제의 아내와 혼인하는 것을 말한다. 자매연혼은 아내가 죽으면 아내의 다른 자매를 아내로 맞는 것을 말한다. 그런데 형제연혼과 자매연혼이 함께 이루어진다면(실제로 그런 부족사회들이 종종 나타나는데), FB=F, MZ=M, FBS=B, MZS=B와 같은 결과가 나올 수 있다. 하지만 분지병합적인 친족 호칭체계가 나타나는 사회에서 그런 혼인 방식이 존재하지 않는 경우를 흔히 접할 수 있었다. 즉, 형제연혼과 자매연혼의 방식을 통해서 친족호칭의 분지병합적인 특성을 일관성 있게 설명할 수는 없었던 것이다.

여하튼 로위가 모건에게 가한 비판은 그의 업적을 송두리째 뒤엎는 것이었다. 그가 모건의 이론을 비판한 뒤 실제로 인류학자들은 모건을 인용하는 것조차 꺼렸다. 미국 문화인류학계는 대체로 모건의 업적에 대해 건설적인 비판을 하지 않던 것이다. 그 결과, 모건의 친족 연구는 미국 문화인류학계에서 후대로 계승되지 못했다. 이와 대조적으로 영국 인류학계에서 모건의 문화진화론은 그대로 받아들여진 것은 아니지만, 그의 연구 성과와 방법론에 대한 건설적인 비판이 이루어지면서 사회인류학 발전의 밑거름이 되었다.

리버스와 브라운

우선 리버스William Rivers는 친족 호칭과 사회조직 사이에 기능 관계를 상정한 모건의 분석 방법론을 건설적으로 받아들였다.[8] 그는 1907년에 오스트레일리아 원주민을 비롯해서 멜라네시아와 태평양의 하와이 섬 부족들에서 나타나는 친족과 유별적인 호칭체계를 비교했다. 여기서 그는 사회가 발달할수록 교차사촌을 구분하는 것이 약화된다고 보고, 하와이 부족의 말레이 유형은 오히려 발달한 사회 단계에서 나타난 것이라고 지적했다. 그렇기 때문에 말레이 유형에서 남매가 집단으로 통혼해서 혈연 가족이 형성되었다는 결론을 이끌어내는 것은 옳지 않다고 비판했다. 반면에 다른 유형의 유별체계들이 푸날루아 가족을 만들어낸 집단혼의 존재를 뒷받침한다고 보았다. 이처럼 리버스는 모건의 사회진화 모델에서 순서를 뒤바꿨지만, 친족 호칭이 과거의 혼인 방식을 반영한 문화잔재로서 의미를 갖는다는 모건의 전제는 대체로 받아들였다. 그러면서 친족 호칭이 단지 혈연의 계보 관계를 나타내는 것이 아니라 사회 집단의 관계를 나타내는 사회 범주의 의미를 지닌다고 주장했다. 이런 관점에서 그는 1914년에 특히 크로버가 모건을 비판한 것에 대응하기 위해 연 강연에서 서로 다른 세대의 친족들이 한 가지 호칭으로 병합된 아메리카 인디언인 오마하족(the Omaha)과 촉토족(the Choctaw)을 주목하기도 했다. 그는 이러한 호칭체계가 세대간 혼인(intergenerational marriage)의

풍습이 과거에 존재했음을 나타낸다고 보고, 또 다른 형태의 집단혼 방식들을 이끌어냈다.[9]

나아가 리버스는 특정한 지역에서 민족의 역사를 추적할 때 물질문화나 언어를 살펴보는 것보다 친족 호칭을 연구하는 것이 더 낫다고 생각했다. 이러한 생각은 모건이 친족 호칭체계를 활용해서 인류 문화의 진화를 추적한 것과는 조금 다를 수도 있다. 그렇지만 이것은 모건이 이전에 민족의 기원을 대륙 차원에서 추적하려던 시도를 지리적으로 제한한 것일 뿐, 친족 호칭이 혼인 규칙을 반영한다는 그의 전제를 그대로 받아들인 것이다. 이런 전제 아래 리버스는 『멜라네시아 사회의 역사*The History of Melanesian Society*』(1914)라는 책에서 멜라네시아의 역사가 특히 민족의 이주를 통해 이루어졌다고 보고, 그것을 재건하려고 시도했다. 그는 다양한 유형의 친족 호칭체계를 구분해서 지리 분포를 파악하고, 또 그것들 사이의 역사 관계를 찾아내려고 노력했다. 그 과정에서 서로 다른 세대의 친족들인데도 같은 호칭으로 부르는 특이한 유형들이 생긴 이유가 서로 다른 세대 간에 혼인을 했기 때문이라고 설명했다. 이를테면, 친족 호칭에서 MM=eZ(e=elder)이면, 이는 BDD와 혼인한 것으로 설명했다. 반대로 FF=eB이면, FFW와 혼인한 것이다. 이렇듯 두 세대 차이가 나는 친족 간에 이루어지는 혼인을 리버스는 장로체제(gerontocracy)로 설명했다. 장로체제에서는 노인이 아래 세대의 젊은 여성들을 아내로 맞이했기 때문에 젊은 남자들은 늙은 과부를 얻을 수밖에 없었다는 것이다.

사회인류학을 구조기능주의 아래 결집한 레드클리프 브라운은 리버스의 첫째 제자였다. 하지만 그는 스승의 사회조직 이론을 뒤집어 놓았다. 그는 오스트레일리아 원주민의 친족 체계를 분류하는 작업에서 출발했다. 원래 피슨은 모건을 지지하면서, 오스트레일리아 원주민의 교차사촌혼은 집단혼의 부산물이라고 파악했다. 이와 달리 리버스는 집단혼이 과거에 따로 존재했으며, 교차사촌혼은 단지 특정한 계보 관계인 개별 친족 사이에 이루어진 혼인으로서 부자녀 관계가 명백해진 뒤에 나타난 방식이라고 주장했다. 래드클리프 브라운은 그들의 주장을 모두 인정하지 않았다.

 래드클리프 브라운은 1931년에 오스트레일리아 원주민의 친족 체계를 종합적으로 분류한 자신의 책에서 다양한 혼인 집단은 허상일 뿐이며, 실제 집단은 가족과 지역 출계 집단뿐이라고 단정했다. 또한 그는 친족 호칭체계가 혼인 규칙 때문에 생겨난 것에는 동의했지만, 그것에서 부수적으로 파생된 것은 혼인 집단이 아니고 단지 추상적인 혼인 범주일 뿐이라고 지적했다. 즉, 오스트레일리아 원주민의 혼인 규칙은 개별 친족 간에 이루어지는 교차사촌혼이며, 집단혼과는 전혀 무관하다는 것이다. 이런 관점에서 그는 오스트레일리아 원주민의 사회조직을 크게 MBD와 혼인하는 유형과 MMBDD와 혼인하는 유형으로 나누었다.

 이처럼 래드클리프 브라운은 친족 호칭이라는 문화잔재를 통한 '추측의 역사학'을 배격하고, 철저히 친족 호칭과 사회조직 사이에 현존하는 기능 관계에 주목했다. 그의 방법론은 엄한 공시적共時的 틀 안에서 사회 체계를 연구하려는 것이었기 때문에 진화론과 역사주의와 반대되는 성향을 나타냈다. 그럼에도 불구하고 래드클리프 브라운은 특히 모건의 형태학적이고 분류학적인 방법을 적극 활용해서 사회조직을 분석하는 비교사회학의 기틀을 마련했다. 또한 그의 다른 제자들이 리버스의 멜라네시아 연구의 잘못된 점을 증명하기 시작했다. 그 결과 친족 호칭체계라는 문화잔재를 통해서 현재 존재하지 않는 과거의 사회조직을 추론하는 작업은 더는 명맥을 잇지 못했다. 따라서 고대사회에 존재한 친족 체계에 대한 궁금증은 영원히 풀리지 않는 수수께끼로 남고 말았다.

머독과 레비-스트로스

그 동안 남아프리카와 오스트레일리아, 심지어 미국 시카고 대학을 떠돌던 래드클리프 브라운은 1937년에 마침내 영국으로 돌아와서 사회인류학을 주도하기 시작했다. 그러면서 인류학계에서 친족 호칭체계에 대한 논쟁은 소강상태에 접어들었다. 그 배경에는 미국에서 모건의 업적이 배척된 탓도 있지만, 한동안 영국 사회인류학이 친족 호칭체계가 그다지 특이하지 않은 아프리카 지역에 집중된 까닭도 있었다.10) 그러나 1949년 미국에서 머독George Murdock과 프랑스에서 레비-스트로스 Claude Leve-Strauss가 각기 친족 체계의 다양성을 체계적으로 설

명한 연구 결과를 내놓음으로써, 그러한 소강상태는 단지 폭
풍 전야의 고요함에 불과했음을 말해주었다.

  우선 머독은 『사회구조*Social Structure*』라는 책에서 친족 체계
의 기능 관계를 통계적으로 파악하려고 했다. 이를 위해서
그는 인류 사회의 친족 호칭체계 유형을 사촌의 호칭을 기

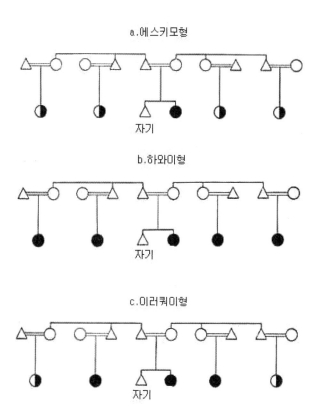

a.에스키모형

b.하와이형

c.이러쿼이형

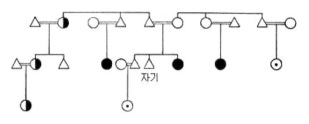

d. 크로우형

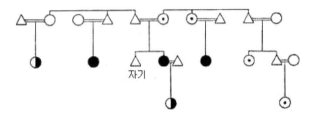

e. 오마하형

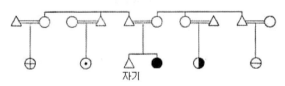

f. 수단형

〈표 8〉 머독의 친족 호칭체계의 분류. 동그라미는 여성, 삼각형은 남성, 가로선은 형제자매 관계, 세로선은 부모자녀의 세대관계, 그리고 등호는 혼인관계를 나타낸다.
출전 : Harold Driver, *Indians of North America*, second ed., The Chicago University Press, 1969.

준으로 해서 에스키모형, 하와이형, 이러쿼이형, 크로형, 오마하형, 수단형으로 새롭게 나누었다(표 8 참조). 이에 따르면,

에스키모형은 [(FZD=MBD)=(FBD=MZD)]≠Z, 하와이형은 FZD=MBD=FBD=MZD=Z, 이러쿼이형은 (FZD=MBD)≠[(FBD=MZD)=Z], 크로형은 (FZD≠MBD)≠[(FBD=MZD)=Z]이면서 FZ=FZD=FZD (그리고 동시에 F=FB=FZS=FZDS), 오마하형은 (FZD≠MBD)≠[(FBD=MZD)=Z]이면서 M=MZ =MBD=MBSD (그리고 동시에 MB=MBS=MBSS), 마지막으로 수단형은 FZD≠MBD≠FBD≠MZD≠Z를 각각 특징적으로 나타낸다.

모건과 로위 그리고 머독의 분류체계를 종합적으로 비교하면, 모건의 유별체계는 로위의 세대형과 분지병합형을 포함하며, 세대형은 하와이형과 일치하는 반면 분지병합형에는 이러쿼이형, 크로형, 그리고 오마하형이 포함된다. 모건의 기술체계는 로위의 직계형과 분지방계형을 포함하며, 이것들은 각기 에스키모형과 수단형에 일치한다.

또한 머독은 친족 호칭체계뿐 아니라 친족 체계를 구성하는 출계, 가족 형태, 집단의 조직, 혼인 규칙, 혼후 거주규칙(결혼 뒤 부부가 어디에 사는가를 정한 규칙) 따위의 다른 요소들에 나타나는 변이들을 열거하고, 이러한 요소들의 변이에 준해서 각 부족 사회를 체계적으로 정리했다. 그의 노력은 "인간관계의 지역 파일(HRAF, Human Relations Area Files)"이라는 방대한 자료를 탄생시켰다. 이 자료는 이후 통계적인 비교문화 연구의 초석이 되었다.

이를테면 머독이 집대성한 자료를 바탕으로 친족 호칭체계의 각 유형이 범세계적으로 어떤 빈도로 나타나는가를 알아볼 수 있었다. 이에 따르면, 자료가 수집된 243개의 부족 혹은 민족에 대해서 에스키모형이 27개(11%), 하와이형이 60개(25%), 이러쿼이형이 81개(33%), 크로형이 29개(12%), 오마하형이 29개(12%), 그리고 수단형이 17개(7%) 사회에서 각각 나타났다. 이렇게 볼 때 우리나라 친족 호칭체계가 속한 수단형은 결코 흔하지 않은 방식인 셈이다.

　나아가 머독은 친족체계를 구성하는 각 요소의 변이들이 실제로 각 부족 사회에서 어떻게 통계적으로 결합되어 나타나는가를 통해서 친족 체계의 역사적 변화 모델을 제시했다. 그는 무엇보다도 환경 변화나 기술 혁신이 친족 체계의 변화를 일으키는 요인으로 작용한다고 생각했다. 그의 변화 모델에 따르면, 환경 변화나 기술 혁신은 우선 성적 노동분업 패턴에 변화를 초래한다. 그 결과 부부가 결혼 뒤 어느 가족에 편입되는가를 정하는 기존의 혼후 거주규칙과 실제로 부부가 선택하는 거주 방식 사이에 괴리가 생겨나고, 이것이 심해지면 혼후 거주규칙 자체가 변할 수 있다. 나아가 혼후 거주규칙의 변화는 친족 집단의 구성을 바꾸고, 마침내 집단의 성원권을 결정하는 부계나 모계와 같은 출계 방식마저 변하게 만든다. 마지막으로 이런 변화는 오랜 세월이 걸리지만 친족간 행위 규범이나 친족 호칭체계에도 영향을 미칠 수 있다.

　사실상 머독의 연구는 미국 문화인류학의 역사주의 배경에서 나온 것이다. 그는 비교사회학적인 접근 방식을 채택하면서, 문화진화론자인 타일러의 통계학 방법론에 의존했다. 또한 그는 언어 영역에 속한 친족 호칭체계가 가장 뒤늦게 변한다는 문화잔재의 관점을 수용했다. 다만 그는 자신의 친족체계 변화 모델이 유구한 세월을 상정한 모건의 인류가족의 진화 모델과 달리 역사적으로 제한된, 짧게는 수백 년의 시간대에 실증적으로 적용될 수 있을 것이라고 기대했다. 그렇지만 그가 구축한 모델이 역사 자료를 수집하기 어려운 대부분의 부족 사회에 적용되기는 마찬가지로 힘들었다. 또한 그는 통계적인 방법을 통해 사회구조의 변화 모델을 추구하면서, 친족 체계를 구성하는 요소들 사이에 작용하는 기능적 관계를 규명하는 데에는 소홀했다. 이런 작업은 레비-스트로스에 의해 체계적으로 이루어졌다.

레비-스트로스는 자신이 구상했던 구조주의(Structuralism) 이론을 시험하기 위해 우선 친족 부문을 선택했다. 그는 사회구조가 호혜성의 원리에 기반을 둔다고 전제하고, 친족 체계란 각 사회집단이 서로 배우자를 바꾸는 것을 통해 동맹 관계를 맺으려 한 데서 비롯된 것이라고 인식했다. 그는 『친족의 기본구조The Elementary Structure of Kinship』라는 책에서 주로 교차사촌혼을 하는 수많은 부족 사회를 대상으로 자신의 동맹 이론을 체계적으로 적용했다. 그 과정에서 그는 다양한 방식의 교환 체계를 구분했고, 이러한 교환 체계는 다양한 방식의 교차사촌혼과 구조적으로 밀접한 관계가 있다고 판단했다. 나아가 그는 친족 호칭체계 또한 교차사촌혼과 기능 면에서 긴밀한 관계를 갖는다고 주장했다.

레비-스트로스의 연구는 친족 호칭체계가 혼인 규칙이나 친족 조직의 다른 요소들과 어떤 기능 관계를 맺고 있는가 하는 논쟁을 다시 불러일으켰다. 머독을 추종한 구디너프Ward Goode-nough와 라운즈베리Floyd Lounsbury는 특히 크로버의 언어학적 분석 방법을 개량하고, 다양한 친족 호칭체계의 내적 패턴을 규명하려고 시도했다. 그 과정에서 라운즈베리는 이러쿼이 유형의 친족 호칭체계에서 드라비다 유형을 따로 구분해낼 수 있었다. 나아가 그들은 레비-스트로스의 주장이 잘못되었다는 것을 증명하려고 노력했다. 사실상 레비-스트로스의 교환체계 이론은 드라비다형이나 오마하 혹은 크로형의 친족 호칭체계에만 효과적으로 적용되었다. 그는 다른 유형의 친족 호칭체계에 대한 설명은 차후로 미루었다. 그러나 교차사촌혼과 기능적 관계를 갖는다고 여겨지는 친족 호칭체계의 유형들조차 언제나 결합되어 나타난 것은 아니었다. 오히려 그런 유형들이 나타나는 사회에서 교차사촌혼이 시행되지 않는 경우가 흔히 발견되었다.

친족 호칭체계를 둘러싼 논쟁은 결론이 나지 않은 채 더욱 난해한 수준으로 전문화되어 갔다. 그러면서 아쉽게도 많은 신진 인류학자들은 친족 호칭체계에 관심을 잃고 말았다. 그럼에도 불구하고 모건의 친족 연구가 미국에서 문화인류학이 형성되고 또 영국에서 사회인류학이 발전하는 데 큰 영향을 미쳤다는 사실은 부인할 수 없다. 그의 연구는 직접이든 혹은 간접이든 후대 인류학계에서 다양한 이론들이 출현하는 구심점으로 작용했다. 실제로 그의 연구 업적은 친족과 친족의 연구 분야를 창조한 것을 넘어서, 인류학의 형성과 발전에 원동력이 되었다고 평가해도 무방할 것이다.

맺음말

　인류가 출현한 이래 친족은 인간 집단의 사회적 삶을 조직하고 환경에 적응하는 수단을 제공했다. 19세기 후반에 루이스 헨리 모건은 처음으로 친족을 인류학 연구의 대상으로 삼았다. 그의 연구는 수많은 인류학자들이 친족에 대해 관심을 갖고 연구할 수 있도록 만들었다. 그 과정에서 인류 사회에 산재한 다양한 친족 관련 자료들이 쌓였고, 친족의 다양성을 설명하는 많은 이론들이 나올 수 있었다.

　비록 혈연과 혼인이라는 안정되고 단순해 보이는 사회관계를 바탕으로 형성되었지만, 아직도 친족 체계의 다양성을 일관성 있게 설명하는 이론은 완성되지 않았다. 친족 체계는 인간이 만들어낸 사회제도이기에 수학이나 논리학으로 접근하기에는 너무 다양하고, 가끔 모호하거나 불규칙하기 때문이다.

근대화의 물결 속에서 친족의 사회적 기능은 핵가족 수준으로 축소된 듯 보인다. 더불어 혼인의 의미 또한 퇴색하고 있다. 인류학계에서도 친족 연구는 눈에 띌 만큼 쇠퇴하고 말았다. 이런 상황에서 친족 연구의 선구자인 모건의 업적을 되돌아본 것은, 피로 맺어진 친족이란 사회관계와 거기서 파생된 사회조직이 갖는 잠재력을 다시 한번 상기하고 싶었기 때문이다. 인간의 삶에서 친족은 떼려야 뗄 수 없는 요소라는 생각 때문이었는지도 모르겠다. 실제로 모건의 업적을 통해서 살펴본 다양한 친족의 세계는 그야말로 경이로웠다.

모건은 1871년에 발간된 『인류가족의 혈연과 인척 관계의 체계』를 본 감격을 나중에 글로 남겼다. 모건은 책을 본 순간 4년 가까이 책이 나오기를 기다렸던 조바심은 순식간에 사라졌고, 마음속에 자긍심과 함께 깊은 슬픔이 일었다고 써놓았다. 모건은 이 책을 쓰기 위해 8년 동안 많은 돈을 써가며 온갖 노력을 했고, 자료를 수집하기 위해 집을 비운 사이에 두 딸을 잃는 아픔을 겪어야 했다. 이런 아픔 속에서 직업과 경제 활동을 모두 접고 집필에 전념했던 것이다.

모건의 연구 업적은 그 당시 민족학 자료가 부족했고 문화진화론이라는 시대적 사고의 한계를 안고 있었다. 하지만 그 뒤 한 세기 내내 인류학 발전에 든든한 밑거름이 되었다. 그는 친족이란 사회제도를 창조했을 뿐만 아니라, 친족 연구를 통해 인류학이 형성하고 발전하는 데 큰 공헌을 했다.

주

1) 원래 투스카로라족은 노스캐롤라이나주에 살았지만, 이러쿼이 연맹에 가입한 뒤 뉴욕주로 이주해서 살았다.

2) 그는 수집한 자료를 활용해서 조직의 이름을 "이러쿼이 대연맹체(the Grand Order of the Iroquois)"로 바꿨다. 이 조직은 48개 지부로 나뉘었고, 각 지부는 인디언 부족과 씨족의 이름을 섞어서 불렀다. 각 지부에는 추장(sachem)이 있었고, 추장 48명이 대연맹체의 평의회를 구성했다.

3) 그렇지만 그가 제출한 원고에는 아직 아시아 기원설을 뒷받침하는 다른 문화 자료들이 포함되어 있지 않았다.

4) 그 당시까지도 지질학이나 생물학 같은 자연과학은 분화되지 않았다. 자연철학이나 자연사 속에서 자연과학을 연구했다.

5) 독일에서는 기존의 민족학 틀이 유지된 반면, 영국의 민족학은 문화 비교를 통해서 특정 민족의 기원을 추적하는 분야로 좁아지면서 어느 정도 명맥만을 유지해 나갔다. 민족의 기원을 추적하는 작업은 일정하게 한정된 지역에서만 이루어졌다.

6) 모건은 기술체계가 순수하게 핵가족 성원들에 대한 어휘들로만 구성되었다고 보았다. 순수한 기술체계에서 핵가족 이외의 친족들은 어휘들을 순열하고 조합한 호칭을 붙이면 되기 때문이다. 그러나 실제로 아리안 어군이나 셈 어군에서 나타나는 친족 호칭들은 뚜렷이 구별할 수 있는 호칭을 여전히 갖고 있었다. 이를테면, 영미 언어권에서 사촌(cousin), 아저씨(uncle), 그리고 아주머니(aunt)의 호칭은 대상이 아버지 쪽 친족이든 어머니 쪽 친족이든 구분하지 않고 적용되었다. 이에 대해서 모건은 이런 호칭들은 기술체계가 확립된 뒤 생긴 것으로 간주했다.

7) 사실상 모권제와 모계제는 아주 다른 개념이다. 모권제는 모계 원리를 따르는 동시에, 씨족 집단 안에서 정치와 경제 권한이 여자 성원들에게 집중되어 있는 체계이다. 다만 이런 체계는 신화에만 나올 뿐, 현존하는 민족에서는 발견되지 않았다. 실제 현존하는 모계 사회에서 이러한 권한은 남자 성원들에게 있었고, 그 지위 또한 외삼촌에서 생질로 전달되는

것이 보편적이었다.

8) 그는 모건의 방법론이 친족 호칭의 자료 수집에 치우친 점을 고치기 위해 계보 방법(genealogical method)을 개발하기도 했다. 이것은 각 가구별로 특정 구성원을 중심으로 실제 가계도를 작성함으로써, 친족 호칭뿐 아니라 가족 형태와 인구 통계 자료를 확보할 수 있는 장점이 있다.

9) 사실상 오마하 유형과 나중에 크로Crow 유형으로 이름을 바꾼 촉토 유형의 친족 호칭체계를 처음 포착한 것은 모건이었다. 하지만 1897년에 공식적으로 제기한 인물은 독일의 민족학자인 콜러Josef Kohler였다.

10) 여기에는 또한 기능주의(Functionalism) 아래 영국 사회인류학계를 주도한 말리노프스키Bronslaw Malinowski가 모건의 방식을 따르는 친족 연구를 "친족 산수학(kinship algebra)"이라고 깎아내린 것도 영향을 주었을 것이다.

참고문헌

1. 모건의 저술:

Lewis Henry Morgan, 『League of the Iroquois』, Corinth Books, 1851, 1962.

_____, 『The American Beaver and His Works』, Facsimile reprint, Burt Franklin, 1868, 1970.

_____, 『Systems of Consanguinity and Affinity of the Human Family』, University of Nebraska Press, 1871, 1997.

_____, 『Ancient Society』, University of Arizona Press, 1887, 1985.

2. 그 밖의 참고문헌

Harold Driver, 『Indians of North America』, second ed., The Chicago University Press, 1969.

Frederick Engels, 『The Origin of the Family, Private Property and the State』, International Publishers, 1884, 1972.

Marvin Harris, 『The Rise of Anthropological Theory』, Harper & Row, Pub, 1968.

Roger Keesing, 『Kin Groups and Social Structure』, Holt, Rinehart and Winston, 1975.

Adam Kuper, 『The Invention of Primitive Society』, Routledge, 1988.

Robert Lowie, 『Primitive Society』, Harper Torchbooks, 1920, 1961.

_____, 『The History of Ethnological Theory』, Holt, Rinehart and Winston, 1937.

George W. Stocking, 『After Tylor: British Social Anthropology 1888~1951』, Madison: The University of Madison Press, 1995.

Elisabeth Tooker, "Introduction" In Lewis Henry Morgan, 『Systems of Consanguinity and Affinity of the Human Family』, University of

Nebraska Press, 1997.

Thomas Trautmann, 『Lewis Henry Morgan and the Invention of Kinship』, University of California Press, 1987.

모건의 가족 인류학

| 펴낸날 | 초판 1쇄 2007년 2월 25일 |
| | 초판 2쇄 2016년 7월 12일 |

지은이	김용환
펴낸이	심만수
펴낸곳	(주)살림출판사
출판등록	1989년 11월 1일 제9-210호

주소	경기도 파주시 광인사길 30
전화	031-955-1350 팩스 031-624-1356
홈페이지	http://www.sallimbooks.com
이메일	book@sallimbooks.com

| ISBN | 978-89-522-0612-1 04080 |
| | 978-89-522-0096-9 04080 (세트) |

※ 값은 뒤표지에 있습니다.
※ 잘못 만들어진 책은 구입하신 서점에서 바꾸어 드립니다.

089 커피 이야기   eBook

김성윤(조선일보 기자)

커피는 일상을 영위하는 데 꼭 필요한 현대인의 생필품이 되어 버렸다. 중독성 있는 향, 마실수록 감미로운 쓴맛, 각성효과, 마음의 평화까지 제공하는 커피. 이 책에서 저자는 커피의 발견에 얽힌 이야기를 통해 그 기원을 설명한다. 커피의 문화사뿐만 아니라 커피에 대한 일반적인 정보 및 오해에 대해서도 쉽고 재미있게 소개한다.

021 색채의 상징, 색채의 심리

박영수(테마역사문화연구원 원장)

색채의 상징을 과학적으로 설명한 책. 색채의 이면에 숨어 있는 과학적 원리를 깨우쳐 주고 색채가 인간의 심리에 어떤 작용을 하는지를 여러 가지 분야의 사례를 통해 설명한다. 저자는 색에는 나름대로의 독특한 상징이 숨어 있으며, 성격에 따라 선호하는 색채도 다르다고 말한다.

001 미국의 좌파와 우파   eBook

이주영(건국대 사학과 명예교수)

진보와 보수 세력의 변천사를 통해 미국의 정치와 사회 그리고 문화가 어떻게 형성되고 변해왔는지를 추적한 책. 건국 초기의 자유방임주의가 경제위기의 상황에서 진보-좌파 세력의 득세로 이어진 과정, 민주당과 공화당의 대립과 갈등, '제2의 미국혁명'으로 일컬어지는 극우파의 성장 배경 등이 자연스럽게 서술된다.

002 미국의 정체성 10가지 코드로 미국을 말하다   eBook

김형인(한국외대 연구교수)

개인주의, 자유의 예찬, 평등주의, 법치주의, 다문화주의, 청교도 정신, 개척 정신, 실용주의, 과학·기술에 대한 신뢰, 미래지향성과 직설적 표현 등 10가지 코드를 통해 미국인의 정체성과 신념을 추적한 책. 미국인의 가치관과 정신이 어떠한 과정을 통해서 형성되고 변천되어 왔는지를 보여 준다.

058 중국의 문화코드

강진석(한국외대 연구교수)

중국의 핵심적인 문화코드를 통해 중국인의 과거와 현재, 문명의 형성 배경과 다양한 문화 양상을 조명한 책. 이 책은 중국인의 대표적인 기질이 어떠한 역사적 맥락에서 형성되었는지 주목한다. 또한, 구체적이고 실제적인 여러 사물과 사례를 중심으로 중국인의 사유방식에 대해 설명해 주고 있다.

057 중국의 정체성 eBook

강준영(한국외대 중국어과 교수)

중국, 중국인을 우리는 과연 어떻게 이해해야 하나? 우리 겨레의 역사와 직 · 간접적으로 끊임없이 영향을 주고받은 중국, 그러면서도 아직까지 그들의 속내를 자신 있게 말할 수 없는, 한편으로는 신비스럽고, 한편으로는 종잡을 수 없는 중국인에 대한 정체성을 명쾌하게 정리한 책.

015 오리엔탈리즘의 역사 eBook

정진농(부산대 영문과 교수)

동양인에 대한 서양인의 오만한 사고와 의식에 준엄한 항의를 했던 에드워드 사이드의 오리엔탈리즘. 이 책은 에드워드 사이드의 이론 해설에 머무르지 않고 진정한 오리엔탈리즘의 출발점과 그 과정, 그리고 현재와 미래의 조망까지 아우른다. 또한 오리엔탈리즘이 사이드가 발굴해 낸 새로운 개념이 결코 아님을 역설한다.

186 일본의 정체성 eBook

김필동(세명대 일어일문학과 교수)

일본인의 의식세계와 오늘의 일본을 만든 정신과 문화 등을 소개한 책. 일본인을 지배하는 이데올로기는 무엇이고 어떤 특징을 가지는지, 일본을 주목해야 하는 이유는 무엇인지 등이 서술된다. 일본인 행동양식의 특징과 토착적인 사상, 일본사회의 문화적 전통의 실체에 대한 분석을 통해 일본의 정체성을 체계적으로 살펴보고 있다.

261 노블레스 오블리주 세상을 비추는 기부의 역사

예종석(한양대 경영학과 교수)

프랑스어로 '높은 사회적 신분에 상응하는 도덕적 의무'를 뜻하는 노블레스 오블리주. 고대 그리스부터 현대까지 이어지고 있는 노블레스 오블리주의 역사 및 미국과 우리나라의 기부 문화를 살펴보고, 새로운 시대정신으로 노블레스 오블리주를 부활시킬 수 있는 가능성을 모색해 본다.

396 치명적인 금융위기, 왜 유독 대한민국인가 `eBook`

오형규(한국경제신문 논설위원)

이 책은 전 세계적인 금융 리스크의 증가 현상을 살펴보는 동시에 유달리 위기에 취약한 대한민국 경제의 문제를 진단한다. 금융안정망 구축 방안과 같은 실용적인 경제정책에서부터 개개인이 기억해야 할 대비법까지 제시해 주는 이 책을 통해 현대사회의 뉴노멀이 되어 버린 금융위기에서 살아남는 방법을 확인해 보자.

400 불안사회 대한민국, 복지가 해답인가 `eBook`

신광영 (중앙대 사회학과 교수)

대한민국 사회의 미래를 위해서 복지는 선택이 아니라 필수라고 말하는 책. 이를 위해 경제 위기, 사회해체, 저출산 고령화, 공동체 붕괴 등 불안사회 대한민국이 안고 있는 수많은 리스크를 진단한다. 저자는 사회적 위험에 대응하기 위한 복지 제도야말로 국민 모두의 삶의 질을 높일 수 있는 길이라는 것을 역설한다.

380 기후변화 이야기 `eBook`

이유진(녹색연합 기후에너지 정책위원)

이 책은 기후변화라는 위기의 시대를 살면서 우리가 알아야 할 기본지식을 소개한다. 저자는 기후변화와 관련된 핵심 쟁점들을 모두 정리하는 동시에 우리가 행동해야 할 실천적인 대안을 제시한다. 이를 통해 독자들은 기후변화 시대를 사는 우리가 무엇을 해야 할 것인지에 대하여 생각해 볼 수 있을 것이다.

eBook 표시가 되어있는 도서는 전자책으로 구매가 가능합니다.

001 미국의 좌파와 우파 | 이주영
002 미국의 정체성 | 김형인 eBook
003 마이너리티 역사 | 손영호
004 두 얼굴을 가진 하나님 | 김형인
005 MD | 정욱식 eBook
006 반미 | 김진웅
007 영화로 보는 미국 | 김성곤 eBook
008 미국 뒤집어보기 | 장석정
009 미국 문화지도 | 장석정
010 미국 메모랜덤 | 최성일
015 오리엔탈리즘의 역사 | 정진농 eBook
021 색채의 상징, 색채의 심리 | 박영수
028 조폭의 계보 | 방성수
037 마피아의 계보 | 안혁
039 유대인 | 정성호 eBook
048 르 몽드 | 최연구 eBook
057 중국의 정체성 | 강준영 eBook
058 중국의 문화코드 | 강진석
060 화교 | 정성호 eBook
061 중국인의 금기 | 장범성
077 21세기 한국의 문화혁명 | 이정덕 eBook
078 사건으로 보는 한국의 정치변동 | 양길현 eBook
079 미국을 만든 사상들 | 정경희 eBook
080 한반도 시나리오 | 정욱식 eBook
081 미국의 발견 | 우수근
083 법으로 보는 미국 | 채동배
084 미국 여성사 | 이창신 eBook
089 커피 이야기 | 김성윤 eBook
090 축구의 문화사 | 이은호
098 프랑스 문화와 상상력 | 박기현 eBook
119 올림픽의 숨은 이야기 | 장원재
136 학계의 금기를 찾아서 | 강성민 eBook
137 미 · 중 · 일 새로운 패권전략 | 우수근
142 크리스마스 | 이영제
160 지중해학 | 박상진
161 동북아시아 비핵지대 | 이삼성 외
186 일본의 정체성 | 김필동 eBook
190 한국과 일본 | 하우봉 eBook
217 문화콘텐츠란 무엇인가 | 최연구 eBook
222 자살 | 이진홍 eBook
223 성, 억압과 진보의 역사 | 윤가현 eBook
224 아파트의 문화사 | 박철수 eBook
227 한국 축구 발전사 | 김성원 eBook
228 월드컵의 위대한 전설들 | 서준형
229 월드컵의 강국들 | 심재희

231 일본의 이중권력 쇼군과 천황 | 다카시로 고이치
235 20대의 정체성 | 정성호 eBook
236 중년의 사회학 | 정성호 eBook
237 인권 | 차병직 eBook
238 헌법재판 이야기 | 오호택 eBook
248 탈식민주의에 대한 성찰 | 박종성 eBook
261 노블레스 오블리주 | 예종석
262 미국인의 탄생 | 김진웅
279 한국인의 관계심리학 | 권수영
282 사르트르와 보부아르의 계약결혼 | 변광배 eBook
284 동유럽의 민족 분쟁 | 김철민
288 한미 FTA 후 직업의 미래 | 김준성 eBook
299 이케다 하야토 | 권혁기 eBook
300 박정희 | 김성진 eBook
301 리콴유 | 김성진 eBook
302 덩샤오핑 | 박형기 eBook
303 마거릿 대처 | 박동운 eBook
304 로널드 레이건 | 김형곤 eBook
305 셰이크 모하메드 | 최진영
306 유엔사무총장 | 김정태 eBook
312 글로벌 리더 | 백형찬
320 대통령의 탄생 | 조지형
321 대통령의 퇴임 이후 | 김형곤
322 미국의 대통령 선거 | 윤용희
323 프랑스 대통령 이야기 | 최연구
328 베이징 | 조창완
329 상하이 | 김윤희
330 홍콩 | 유영하
331 중화경제의 리더들 | 박형기
332 중국의 엘리트 | 주장환
333 중국의 소수민족 | 정재남
334 중국을 이해하는 9가지 관점 | 우수근
344 보수와 진보의 정신분석 | 김용신 eBook
345 저작권 | 김기태
357 미국의 총기 문화 | 손영호
358 표트르 대제 | 박지배
359 조지 워싱턴 | 김형곤
360 나폴레옹 | 서정복
361 비스마르크 | 김장수
362 모택동 | 김승일
363 러시아의 정체성 | 기연수
364 너는 시방 위험한 로봇이다 | 오은
365 발레리나를 꿈꾼 로봇 | 김선혁
366 로봇 선생님 가라사대 | 안동근
367 로봇 디자인의 숨겨진 규칙 | 구신애

368 로봇을 향한 열정, 일본 애니메이션 | 안병욱
378 데킬라 이야기 | 최명호
380 기후변화 이야기 | 이유진 eBook
385 이슬람 율법 | 공일주
390 법원 이야기 | 오호택
391 명예훼손이란 무엇인가 | 안상운
392 사법권의 독립 | 조지형
393 피해자학 강의 | 장규원 eBook
394 정보공개란 무엇인가 | 안상운
396 치명적인 금융위기,
    왜 유독 대한민국인가 | 오형규 eBook
397 지방자치단체, 돈이 새고 있다 | 최인욱 eBook
398 스트레스 위험사회가 온다 | 민경식 eBook
399 한반도 대재난, 대책은 있는가 | 이정직 eBook
400 불안사회 대한민국,
    복지가 해답인가 | 신광영 eBook
401 21세기 대한민국 대외전략:
    낭만적 평화란 없다 | 김기수 eBook
402 보이지 않는 위협 종북주의 | 류현수 eBook
403 우리 헌법 이야기 | 오호택 eBook
405 문화생활과 문화주택 | 김용범 eBook
406 미래 주거의 대안 | 김세용 · 이재준 eBook
407 개방과 폐쇄의 딜레마,
    북한의 이중적 경제 | 남성욱 · 정유석 eBook
408 연극과 영화를 통해 본 북한사회 | 민병욱
409 먹기 위한 개방, 살기 위한 핵외교
    | 김계동 eBook
410 북한 정권 붕괴 가능성과 대비 | 전경주 eBook
411 북한을 움직이는 힘, 군부의 패권경쟁
    | 이영훈 eBook
412 인민의 천국에서 벌어지는 인권유린
    | 허만호 eBook
428 역사로 본 중국음식 | 신계숙 eBook
429 일본요리의 역사 | 박병학 eBook
430 한국의 음식문화 | 도현신 eBook
431 프랑스 음식문화 | 민혜련 eBook
438 개헌 이야기 | 오호택
443 국제 난민 이야기 | 김철민
447 브랜드를 알면 자동차가 보인다 | 김흥식 eBook
473 NLL을 말하다 | 이상철 eBook

㈜살림출판사
www.sallimbooks.com
주소 경기도 파주시 문발동 522-1 | 전화 031-955-1350 | 팩스 031-955-1355